beck'sche reihe

Ein Grieche betritt in Deutschland eine Bank: «Ich möchte ein Gyros-Konto eröffnen.» Darauf der Bankangestellte: «Das ist bei uns nicht Ouzo.»

Sofern Sprachwitze mit Gleichklängen arbeiten, sind sie im strengen Sinn Kalauer. Viele dieser Witze gelten als «doof», bringen uns aber doch zum Lachen. Andere Sprachwitze machen sich Ironie, Übertreibung, Doppelsinn oder Stilbrüche zunutze. In diesem Band wurden klassische und neue Sprachwitze gesammelt. Ein Vorwort analysiert die grammatisch-rhetorischen Techniken dieser Witze und versucht, ohne Pedanterie etwas Klarheit zu schaffen.

Hans-Martin Gauger war von 1969 bis 2000 o. Professor für Romanische Sprachwissenschaft an der Universität Freiburg i. B.

Hans-Martin Gauger

Das ist bei uns nicht Ouzo!

Sprachwitze

Verlag C. H. Beck

Dem Andenken an
Georg Hensel
1925–1996
gewidmet

1. Auflage. 2006

Originalausgabe

2. Auflage. 2007
© Verlag C. H. Beck oHG, München 2006
Gesamtherstellung: Druckerei C. H. Beck, Nördlingen
Umschlagentwurf: + malsy, Willich
Umschlagabbildung: Jussi Steudle, + malsy, Willich
Printed in Germany
ISBN 978 3 406 54097 4

www.beck.de

Was ist das – ein Sprachwitz?

Witze-Erzähler sind schrecklich. Oder jedenfalls: sie können es sein. Auch wenn sie ihre Witze gut erzählen. Also sollen in diesem Buch die Leserinnen und Leser keineswegs aufgefordert werden, die Witze die hier zusammengestellt sind, zu erzählen. Sie sollen darüber lachen – oder lächeln. Andererseits kann man niemandem das Weitererzählen verbieten. Wer aber Witze erzählt, muß zumindest zwei Dinge wissen. Erstens ist das Erzählen von Witzen oder Anekdoten, ja, eigentlich das Erzählen überhaupt, immer eine Unterbrechung des Sprechens. Eine Unterbrechung auch des Sprechens, das einfach auf die Situation geht und nur dem Austausch, der gegenseitigen Affirmation dient – ich bin da, du bist da, wir reden miteinander: «Wer redet, ist nicht tot», wie Gottfried Benn ganz zutreffend sagt. Wer nun aber ‹erzählt›, in dem Sinne also, daß es sich bei dem, was er erzählt, nicht um etwas handelt, das sich auf das Hier und Jetzt des Gesprächs richtet, wer also in dieser abgehobenen Weise (und dies gilt auch schon für Witze) ‹erzählt›, steigt aus und zwingt die Zuhörenden auszusteigen. Dies kann sehr unwillkommen sein. Nicht jede Situation ist dazu geeignet. Man möchte nicht immer aussteigen, sondern in der Situation des Sprechens selbst bleiben. Oder man möchte, wenn es sich um etwas wie ein ‹Arbeitsgespräch› handelt – und da erst recht – festhalten an dem anvisierten Handlungsbezug, ihn allenfalls kurz lockern. Witze sind also nicht nur dann unpassend oder unmöglich, wenn der Ernst der Situation sie verbietet, etwa, um gleich das Paradigma des Ernsten zu nehmen, bei einem Begräbnis. Zweitens beansprucht der Witze-Erzähler und eigentlich *jeder* Erzähler etwas wie

Herrschaft. Da ist immer etwas wie: «Alle mal herhören: ich erzähle!» Verbale Herrschaft ist *auch* Herrschaft. Die Wendung «Die Witze mache hier ich», die wir aus amerikanischen Filmen kennen, deutet eben darauf. Der Boss – und nur er – hat das Recht, Witze zu machen. So sehen es die Bosse und die anderen, wenn auch vielleicht mit Ingrimm, ebenfalls. So liegt im Erzählen von Witzen auch immer etwas wie Anmaßung. Die anderen müssen sich dies gefallen lassen. Sie müssen damit einverstanden sein. Wenn sie es sind, geht es, geht es unter Umständen sogar gut. Aber wenn es geht, kommt schnell der Punkt, wo sie die Witze allenfalls noch höflich tolerieren. Nun gibt es allerdings Situationen, in denen man für Witze dankbar ist. Eben weil sie unterbrechen, weil sie auflockern, und in diesem Fall haben sie auch sozial-psychisch eine genaue Funktion, einen «Sitz im Leben». So wurde, hörten wir, bei den Gesprächen zur Bildung der Großen Koalition, Oktober 2005, zu Beginn einer Sitzung Peer Steinbrück eigens gebeten, zur «Auflockerung», hieß es, erst einmal einige seiner Witze zu erzählen. Offenbar ist er dafür bekannt. Auch wissen zum Beispiel viele Redner, daß selbst ein ernsthaftes Publikum, sogar bei ernsthaftem Thema nicht undankbar ist für einen gelegentlichen Scherz. Nur muß dieser einigermaßen gut sein. Sonst wäre er besser unterblieben. Merke: Wenn dir nichts wirklich Witziges einfällt, ernst bleiben!

Nun also Sprachwitze! Sie sind eine besondere Art von Witzen, denn offensichtlich gibt es viele Witze, die *keine* Sprachwitze sind. Ein Beispiel. Nehmen wir den Witz mit dem blinden Bettler in Jerusalem. Jemand gibt dem Mann etwas, weil er gerade in guter Stimmung ist oder der Mann ihm leid tut (oder weil beides zusammenkommt), und er gibt ihm etwas mehr als üblich und geht zufrieden weiter. Eine Stunde später geht er ins Kino und sieht, indem er sich hinsetzt, den Blinden neben sich. In diesem Augenblick wendet sich dieser an ihn und fragt: «Bin ich hier richtig im Bus nach Tel Aviv?» Das ist ein Witz, in dem Sprache nicht vorkommt, genauer: der an keiner Stelle auf Sprachliches rekurriert. Also kein Sprachwitz. Ein weiteres Beispiel – und nun ein typisch jüdischer und sehr alter, ja historischer Witz. Sachlich gehört er zur Gruppe der «Bade-Witze» (so nennt sie Freud), die alle mit einer gewissen Wasser-Scheuheit zu tun haben. Ein Jude (aus dem Osten) zögert vor der Rezeption eines Hotels. Er kann sich nicht entschließen, ob er einziehen soll oder nicht. Man redet ihm zu, empfiehlt das Haus. «Wir haben fließendes Wasser», sagt man ihm. Darauf der Zögernde (typisch auch die Form der Frage als Antwort): «Bin ich a Forell?» Das ist auch kein Sprachwitz, aber etwas Sprachliches mag hier hereinspielen, denn zur Bedeutung «Forelle» gehört ja das doch auch *sprachliche* Wissen, daß eine Forelle fließendes Wasser braucht oder liebt – «In einem Bächlein helle,/Da schwamm in froher Eil» usw. Das kennt man, es gehört zum allgemeinen Wissen und somit, kann oder muß man sagen, auch zur Sprache. Denn in einer Sprache, in ihrem Wortschatz, ist das sozusagen allgemeine Wissen einer Gemeinschaft enthalten, das Wissen also (dies wäre das Kriterium), das im Sprechen *jeder* bei *jedem* ohne weiteres voraussetzt. Da kann man sich nun in einem Einzelfall wie hier fragen, ob das Wissen «fließendes Wasser» bei «Forelle» zu diesem fest Voraussetzbaren gehört. Die Linguisten allerdings streiten sich prinzipieller: darum nämlich, ob solch ein Element ein «außersprachliches», also sozusagen rein «enzyklopädisches» Wissen ist oder ob, wie eben gesagt, dieses Wissen, denn ein Wissen ist es ja ohne Zweifel, zur Sprache selbst gehört. Doch wie immer: Man wird sagen müssen, daß es sich bei dem Forellen-Witz nicht um einen Sprachwitz, sondern um einen Sachwitz handelt. Übrigens hat Salcia Landmann in ihrer schönen Sammlung «Jüdische Witze» (1963) gerade diesen Witz dadurch erheblich verdorben (und es ist gar nicht leicht zu sagen, warum das so ist), weil sie den Mann fragen läßt: «Bin ich ein Fisch?» Sicher ist «Forelle» hier viel besser – eben wegen der konkreten Assoziation «fließendes Wasser»; «Fisch» assoziiert eben nur «Wasser». Wer auch nur einmal den Witz mit «Forelle» gehört hat, wird also unvermeidlich «Fisch» weit schwächer finden. Immer, zumindest *fast* immer, ist das Konkretere besser.

Und nun ein Witz aus dem Südwesten Deutschlands, aus dem südlichen Baden, wo noch immer viel Irritation gegenüber den Schwaben zu finden ist. Besser wäre es, nebenbei, «Württemberger» zu sagen, weil es Schwaben auch in Bayern gibt und im nördlichen Württemberg auch Franken. Wenn man ‹Schwaben› sagt, meint man praktisch die Württemberger, besonders die nördlich der Schwäbischen Alb. Übrigens ist jene Irritation ganz einseitig: es gibt in Württemberg keine Badener-Witze, während in Baden oder jedenfalls in dessen südlichem Teil, denn im nördlichen Baden ist diese Irritation weit geringer, überall Schwaben-Witze kursieren. Noch immer sind sie dort die erfolgreichsten Witze. Also: Wie kann man auf dem Bodensee ein schwäbisches Schiff sogleich von einem badischen unterscheiden? Antwort: Hinter dem schwäbischen fliegen keine Möwen (da wirft nämlich niemand irgendetwas raus). Auch dies ist ein reiner Sachwitz. Das mit den Möwen hat ja nun wirklich mit Sprache nichts zu tun. Freilich: wieder muß man zum Verständnis wissen (und weiß es), daß den Schiffen Möwen folgen.

Nun aber ein *sprachlicher* Schwabenwitz, der, vermuten wir, eher von den Schwaben selbst stammt, denn die Schwaben wiederholen in ihren Witzen, auf erheblich niedrigerem Niveau, versteht sich, eines der Kennzeichen des alten jüdischen Witzes – sie machen sich selbst zum Gegenstand ihrer Witze, machen sich also lustig über sich selbst. Das ist bemerkenswert, denn dies tun unter den deutschen ‹Stämmen› allenfalls, aber nicht so durchgehend, die den Schwaben auch sonst nicht unähnlichen Sachsen. Anderswo, in Bayern, in Berlin, in Köln geschieht dies so gut wie nie. Auch der wahrhaft große Humor Karl Valentins zielt nicht, auch nicht am Rande, gegen die Bayern. Nun also der Witz. Ein schwäbischer Minister aus Stuttgart (denn es gibt dort auch nicht-schwäbische, etwa badische) geht in Tübingen in die Buchhandlung «Osiander» und will sich Mörikes Werke kaufen; «Ja, welche Ausgabe?», fragt die Buchhändlerin. Der Minister mißversteht die Frage nun aber als Ausruf und sagt nach kurzem Zögern: «Ja, da haben Sie eigentlich ganz recht. Vielen Dank!» Und verläßt die Buchhandlung. Dieser Witz, mit seinem starken Überraschungseffekt, rekurriert auf zwei verschiedene Bedeutungen des Wortes «Ausgabe», ja, er stößt den Hörer darauf. Er ist somit ganz klar ein Sprachwitz – er arbeitet, neben der als bekannt vorausgesetzten Knickerigkeit der Schwaben (das ist der *sachliche* Hintergrund), ausschließlich mit einem Element der *Sprache*, eben mit den zwei verschiedenen (hier relevanten) Bedeutungen von «Ausgabe». Fachlich geredet: er arbeitet mit einer lexikalischen Mehrdeutigkeit, einer «Polysemie».

Ein weiterer Sprachwitz. In der vergangenen Nacht, wird berichtet, sei in München ein Polizeiwagen umgestürzt. Nun, ein Wunder sei dies ja wahrlich nicht gewesen: auf der einen Seite seien nur leichte Mädchen gesessen, auf der anderen nur schwere Jungs. Ja, und dann seien sie nicht zur Tür rausgekommen, denn da saß ein Zuhälter. Wieder ein klarer Fall. Wieder der Rekurs auf verschiedene Bedeutungen, hier der Adjektive ‹leicht› und ‹schwer›, wobei der Witz die Verschiedenheit der Bedeutungen bewußt macht und diese Wörter in ihrer *konkreten* Bedeutung nimmt, während es ja bei den ‹leichten Mädchen› und den ‹schweren Jungs› darum gar nicht geht; niemand denkt da an Kilogramm. Der Witz stellt also diese unübertragene Bedeutung – *gegen* den Sprachgebrauch –

wieder her. Immerhin ist zwischen den beiden Bedeutungen noch ein gefühlter Zusammenhang. Aber der Höhepunkt des Witzes ist ja «Zuhälter», und da ist die Bedeutung von «zuhalten» ganz und gar nicht mehr drin. Oder eigentlich: er war da in unserem Bewußtsein nie. Der Witz stellt sich gleichsam mit der Sprache *gegen* sie, gegen den, wie auch im Falle von «leicht» und «schwer», *üblichen* Gebrauch, indem er den Ausdruck ganz wörtlich nimmt und den Hörer, ihn überraschend und überrumpelnd, auf etwas stößt, woran er nie gedacht hatte. Da lachen wir sozusagen direkt über die Sprache oder etwas Sprachliches, wobei das Sachliche – Zuhälter – schon auch mitspielt. Der Witz ist, zugegeben, der reine Blödsinn, er ist albern, aber seine «Lachkraft», wie Freud dies (vielleicht in Anlehnung an andere Autoren) treffend nennt, ist nicht gering. Übrigens ist dies eine Erfahrung, die derjenige, der den Witz erzählte (und deshalb, gerade zur Illustrierung seiner These, hat er ihn erzählt), so formulierte: «Über die doofsten Witze lacht man am meisten». Darauf müssen wir zurückkommen. Denn es ist ja seltsam: warum lacht man über so etwas überhaupt und noch dazu ganz besonders?

Sachwitze also und Sprachwitze. Jedenfalls: von den Sprachwitzen her erscheinen die anderen, die *nicht* Sprachwitze sind, als Sachwitze. In anderen Worten: Sprachwitze sind für denjenigen, der sich für Sprachliches interessiert (und eigentlich *nur* für diesen) eine besondere Art von Witzen. Und das, sagen wir, allgemeine Witzbewußtsein unterscheidet die Sprachwitze nicht von den anderen. Andere Einteilungen sind in anderer Weise sinnvoll oder gar näherliegend. Zum Beispiel die Kategorie (und die ist nun dem ‹Witzbewußtsein› ziemlich klar) der ‹unanständigen› Witze, von der aus es dann ‹anständige› gibt, die sozusagen ‹immer› erzählt werden können, wenn Witze überhaupt passend oder, wie gesagt, nicht geradezu unpassend sind. Wobei es dann wieder sinnvoll ist, zwischen *bloß* ‹unan-

‹ständigen› und eigentlichen ‹Zoten› noch einmal zu unterscheiden. Zur Zote gehört der derbe und offene Rekurs auf konkret Sexuelles und zwar eben und nahezu ausschließlich um dieses Rekurses willen. Es gibt aber auch unter den Zoten solche, die witzig sind und gar einer gewissen Feinheit nicht entbehren.

Interessant wäre es zu untersuchen, unter welchen lokalen und sozialen Bedingungen Sprachwitze *besonders* gedeihen. Ist etwa, um im Raum unserer Sprache zu bleiben, der (immer irgendwie auftrumpfende) Berliner Witz dafür besonders disponiert? Sehr bekanntes (zumindest halbsprachliches) Beispiel: «Guten Tag. Können Sie mir den Weg sagen? Ich will zum Zoo» – «Als was?» Oder dann der jüdische Witz? Übrigens dürfte der alte Berliner Witz einiges vom jüdischen enthalten. Und dort waren ja auch einst die Hugenotten am Werk, die unvermeidlich, aufgrund von Zweisprachigkeit, ein gesteigertes Sprachbewußtsein hatten.

Schließlich die zweite Frage: gehören zu jenen Bedingungen auch die jeweiligen Sprachen? Dies hieße: sind bestimmte Sprachen für den Sprachwitz günstiger als andere? Gilt es etwa, diesen Verdacht wird man sogleich haben, für das Französische? Ferner: animiert Zwei- oder Mehrsprachigkeit zum Sprachwitz? Auch dafür spricht einiges.

Nun ein kurzer Einschub zum Französischen. Was diese Sprache angeht, sind die Möglichkeiten zum Sprachwitz vor allem der in ihr ganz besonders häufigen Homophonie zu danken. Der große Romanist Walther von Wartburg redet sogar in seinem sehr bekannt gewordenen Handbuch «L'évolution et structure de la langue française» (erstmals 1946) von «der Wunde der Homonymie», die diese Sprache zeige. Von «Homonymie» oder «Homophonie» (es ist nicht genau dasselbe, aber der Unterschied ist für uns hier unerheblich) reden wir, wenn zwei Wörter oder auch ganze Sätze oder Satzteile gleich klingen. «Er hat eine Frau, die ihn liebt» und «Er hat eine Frau, die er liebt» – das kann von der Sache her zusammenkommen, muß es aber sehr bekanntlich gar nicht. Französisch klingen diese beiden also doch wirklich nicht bedeutungsgleichen Sätze jedenfalls genau gleich: «Il a une femme qui l'aime» und «Il a une femme qu'il aime». Wartburg nennt dieses Beispiel. Und auch die in ihrer Bedeutung ganz disparaten Sätzchen: «Er ist Schneider» und «Er ist anderswo», die französisch genau gleich lauten oder lauten können: «Il est tailleur», «Il est ailleurs». Der Kritiker (und Dichter) François Malherbe (17. Jahrhundert) beanstandete einmal diese Verse von Philippe Desportes: «Mais vous, belle tyranne, aux Nérons comparable...», «Aber Ihr, schöne Tyrannin, den Neronen (oder Neros) vergleichbar...», indem er einfach an den Rand schrieb: «tira nos nez», «er (oder sie) zog an unseren Nasen» – aus «Tyranne, aux Né...» las er somit «tira nos nez» als verkappten und natürlich gar nicht mitgemeinten ‹Subtext› heraus. Und neben Desportes' Vers «Quelle manie est égale à ma rage», «Welche Verrücktheit gleicht meiner Wut», schrieb er bloß: «ga la ma ra». Da las oder hörte er also etwas heraus, das es zwar als Wort nicht gibt, aber doch (und schon dies ging nicht) ein Wort sein *könnte*! Und die Monotonie der vier a-Laute kommt dazu! Dann die zahlreichen verschiedenen Wörter im Französischen, die sich lautlich nicht unterscheiden, die «Homophone», also etwa *sot*, «dumm» und *saut* «Sprung», und *seau* «Eimer» und *sceau* «Siegel» gibt es zumindest auch noch. Gesprochen ist da immer nur *s* plus *o*! Einige der hier gesammelten Witze aus dem Französischen illustrieren diese Nähe von Homonymie und Sprachwitz. Aber Homonymie und Homophonie gibt es auch anderswo; sie sind französisch nur weit häufiger. Und vielleicht hängt mit dieser besonderen Häufigkeit auch zusammen, daß ein bestimmter Typ von Sprachwitz, bei uns oft als ‹Kalauer› bezeichnet (obwohl nur ein Teil der Sprachwitze ‹Kalauer› sind), im Französischen, im geistigen Raum *dieser* Sprache, weit höher gestellt wird als etwa im Deutschen. Das Wort meint bei uns einen «wenig geistreichen Witz», und es kommt aus dem französischen (und etymologisch unklaren) calembour, das der «Petit Larousse» ganz positiv und eben unter Bezugnahme auf Homophonie so definiert: «Wortspiel, das sich auf die Bedeutungsverschiedenheit zweier Wörter gründet, die gleich ausgesprochen werden», «Jeu de mots fondé sur la différence de sens entre deux mots qui se prononcent de la même façon». Und dann wird gleich ein Beispiel genannt, das wir, wäre es deutsch, als ausgesprochenen ‹Kalauer› bezeichnen würden: «Persönlichkeit» und eine (wegen Krankheit) «im Bett liegende Person»; das lautet französisch in der Tat genau gleich: personnalité und personne alitée.

Wir wollen hier nicht erneut zu klären suchen, vor allem weil wir dazu nicht gerüstet wären, was der Witz als solcher eigentlich sei. Wir können es, für unsere Zwecke, als bekannt voraussetzen, und es ist uns ja bekannt – pragmatisch, von der «Lebenswelt» her. Wir wissen: der Witz ist *kurz*, er wird *erzählt*, man kann ihn *gut* oder *schlecht* erzählen; er hat einen *Höhepunkt*, die Pointe, die – unverdorben – möglichst nahe an den Schluß gebracht werden sollte, oder sie sollte geradezu der Schluß sein, eigentlich darf ihr nichts mehr folgen, und die Pointe sollte den Hörer zum *Lachen* oder zum *Lächeln* bringen. Auch auf diesen wichtigen Unterschied zwischen dem Lachen und dem Lächeln müssen wir zurückkommen. Und dann gibt es gute und schlechte Witze, und ‹schlecht› ist hier, wie gesagt, keineswegs dasselbe wie ‹doof›. Schließlich: was wir als ‹doof› oder ‹schlecht› und als ihr Gegenteil betrachten, hängt stark von den Umständen, von der Stimmung ab, in die hinein der Witz erzählt wird.

Es muß aber hier klärend gesagt werden, daß in einem bestimmten Sinn *alle* Witze Sprachwitze sind. Alle werden ja sprachlich mitgeteilt – sie geschehen *in* Sprache, sind sprachlich verfaßt. Offenbar gehört zum Witz Sprache, sprachliche Artikulation. Gibt es Witze auch ohne Sprache, außerhalb ihrer, in anderen Medien? Zweifellos gibt es kompositorisch witzige oder (und) witzig aufgeführte Musikstücke, und es gibt gewiß auch witzige Bilder und Statuen. Kann man aber durch Musik, durch ein Bild oder eine Statue einen Witz machen? Man sollte nicht zu schnell ‹nein› sagen. Ganz sicher aber hat der Witz ein privilegiertes Verhältnis zur Sprache. Und die sogenannten parasprachlichen Elemente, Mimik und Gestik, fügen sich verlebendigend hinzu. Wer einen «Witz macht», sagt etwas. Außerhalb des Sprachlichen würde man von einem «Scherz» oder einem «Jux» reden. Wer einen Scherz oder einen Jux gemacht oder sich erlaubt hat, hat nicht notwendig etwas gesagt.

Worauf übrigens kommt es beim Erzählen eines Witzes gerade auch sprachlich an? Zunächst sollte parasprachlich eine gewisse Schauspielerei, etwas Histrionisches, das aber keineswegs, was leicht geschieht, überhand nehmen darf, dabei sein. Daher gehört zum Witz unbedingt Mündlichkeit, die *mündliche* Mitteilung. *Aufgeschriebene* Witze sind ein Substitut. Und das Geschriebene sollte, wenn schon aufgeschrieben werden muß, dann so mündlich wie möglich, es sollte *vermündlicht* sein. Dann vor allem Kürze, Zielstrebigkeit. Ein Witz sollte um des Hörers oder Lesers willen schnell sein Ziel erreichen. Andererseits muß alles – dann aber wieder *nur* das – gesagt werden, was zur Realisierung der Pointe nötig ist. Es ist der Witz selbst, der Kürze will. Genauer: nicht er selbst, sondern unser Bewußtsein von ihm. Metaphorisch aber ist es in der Tat ‹er selbst›. Er will also möglichst schnell zur Pointe und – mit ihr und durch sie – zu der kleinen Explosion kommen, die das Lachen oder das Lächeln des Hörers sind. Und nun dem Erzähler eigentümliche Befriedigung bringen. Somit:

so lang wie nötig, so kurz wie möglich. Zur nötigen Länge gehört aber auch (rien n'est simple) eine gewisse Farbigkeit, eine gewisse andeutend situierende Ausgestaltung, also durchaus nicht nur das rein logisch oder intellektuell Notwendige. Und der Witz sollte trocken erzählt werden – mit Pokergesicht. Die *anderen* sollen lachen, nicht bereits der Erzähler. Und dann natürlich: die Pointe muß *überraschend* kommen, so überraschend wie möglich. Auch deshalb steht sie am besten am Schluß. Somit: Sprachlichkeit, genauer: Mündlichkeit, etwas Schauspielerei, Kürze bei erlaubter, ja erwünschter sparsamer Ausgestaltung, Trockenheit im Vortrag, Pointe am Ende, Überraschung mit der Pointe, Lachen oder Lächeln. Zu dem, was Freud in seinem berühmten, nun genau hundert Jahre alten Buch «Der Witz und seine Beziehung zum Unbewußten» (1905) «die Technik des Witzes» nennt, haben wir damit freilich noch nichts gesagt.

Offenbar, darauf macht Freud gleich eingangs aufmerksam, ist diese «Technik» für den Witz entscheidend. Er zeigt es an dem «als ausgezeichnet anerkannten und sehr lachkräftigen» Beispiel von «famillionär». «Rothschild», sagt eine Figur bei Heine, habe ihn «ganz famillionär» empfangen. Der Gedanke dahinter, sagt Freud zu Recht, sei für sich selbst gar nicht witzig: «Rothschild behandelte mich ganz wie seinesgleichen, ganz *familiär*, d. h. soweit ein *Millionär* das zustande bringt». Hier liegt der Witz in der Tat an seiner «Technik», also an der durch Wortmischung (*familiär* plus *Millionär*) schlagend herbeigeführten Verknappung. Da müßte die Untersuchung einsetzen. Knappheit gehört zum Witz; immer ist da etwas ‹nett gesagt› – warum aber ist nicht jede Verknappung und nicht jedes ‹nett Gesagte› ein Witz? Wie wird aus einem schlichten, mehr oder weniger vernünftigen Gedanken ein Witz? «Famillionär» ist ein Sprachwitz, aber die Witzschaffung durch «Technik» ist auch bei Witzen zu beobachten, die keine

Sprachwitze sind. Churchill, abrupt vom Premierminister zum Privatmann geworden und gefragt, wo denn der eigentliche Unterschied sei zwischen jemand, der Macht hat und dem, der sie verlor, sagte im Blick auf das, was ihm nun fehle, nur zwei Worte: «Information and transportation». Das ist knapp zusammengefaßt und ganz nachvollziehbar, aber ansatzweise witzig wird es erst durch den sprachlichen Parallelismus, der in demselben Ausgang ‹-eischn› der beiden Substantive liegt. Man hört, denkt nach, versteht überrascht – und lächelt.

Alle Witze sind also, so gesehen, sprachlich. Alle Witze sind *in* der Sprache, aber nicht alle sind *durch* Sprache. Die Sprachwitze unterscheiden sich insofern von den übrigen, als sie – in sehr verschiedener Weise – auf Sprachliches rekurrieren. Sie nehmen, mehr oder weniger explizit, mehr oder weniger bewußt und bewußt machend, Sprachliches – und zwar als Witz, als Witzquelle – ins Visier. Sie sind «metasprachlich», während die Sachwitze rein «objektsprachlich» sind, sich also nicht auf das *Sprachliche* in ihnen zurückbeziehen. Das Sprachliche, aus dem auch sie bestehen, bleibt rein instrumentell, unbewußt. Die Sprachwitze dagegen sind, technisch gesehen, ganz bewußt aus dem Stoff, aus dem die Sprache, die jeweilige Sprache, ist. Und sie nehmen das Sprachliche ganz ernst und wörtlich und manchmal geradezu verdinglicht. So in dem Silber-Witz, den Freud zitiert, in dem ein Wort wie ein Ding behandelt wird: man gewinnt Silber, in dem man sich in eine Silberpappeln-Allee begibt, dort Schweigen gebietet, «dann hört das Pappeln» (also das Gerede) «auf, und das Silber wird frei».

Wie verschieden dieses Metasprachliche sein kann, haben uns schon die beiden Sprachwitze mit der «Mörike-Ausgabe» und dem umgestürzten Polizeiwagen gezeigt. Der «Ausgabe»-Witz bezieht sich auf zwei ganz verschiedene Bedeutungen des Worts. Beide Bedeutungen haben mit dem Verb ‹ausgeben› viel zu tun: ‹Geld ausgeben› und dann ‹ein Werk herausgeben›.

Aber hier stellen wir nun fest, daß man eigentlich, wäre die Sprache *stringent*, von einer ‹Herausgabe›, einer Mörike-, Schiller-, Max Weber- ‹Herausgabe› und nicht von einer ‹Ausgabe› sprechen sollte. Aber so ist nun einmal auch das Deutsche nicht. Keine Sprache ist so. Trotzdem: ‹ausgeben› und ‹herausgeben› sind in unserem Bewußtsein nicht weit voneinander. Der Polizeiwagen-Witz stellt, ausgehend von den übertragenen Bedeutungen von «leicht» und «schwer», die nicht übertragenen, die konkreten wieder her, und im Falle von «Zuhälter» schafft er dem Wort gar eine ganz neue Bedeutung: ein Zuhälter – er kann nun einmal, wird suggeriert, nicht anders – hält etwas *zu*. Was er ja ‹eigentlich› gar nicht tut. Etymologisch (aber dies bringt hier nichts) kam übrigens der Ausdruck im 19. Jahrhundert «wohl in der Sprache der Polizei» auf und wurde nach dem schon sehr viel älteren ‹Zuhälterin›, «Dirne», gebildet. Der «Kluge», das «Etymologische Wörterbuch der deutschen Sprache» oder, seit 1989, «der Kluge-Seebold» erläutert: «*Mit einem zuhalten* = ‹zu einem halten› bezeichnet das außereheliche Verhältnis einer Frau zu einem Mann». Es läßt sich hören; wohl möglich, daß es so war und so lief, aber auf Anhieb durchschlagend ist dies nicht. Das etymologische Problem wäre also gar nicht ‹Zuhälter›, sondern ‹Zuhälterin› (ein Wort, das es so nicht mehr gibt). Jedenfalls: mit unserem Witz hat dies gar nichts zu tun. Ein Sprachwitz kann nur mit dem ‹arbeiten›, was *jetzt* oder, fachlich gesprochen (was wie hier nicht wollen), in seiner jeweiligen «Synchronie» *ist*. Die Etymologie – dies wird immer wieder (und gerade von den Sprachinteressierten und Sprachkultivierten) übersehen – ist nur historisch interessant. Das ist ja auch schon viel. Sie sagt uns aber nichts im Blick auf das, was *jetzt* in der Sprache ist. Dies zeigen auch die Sprachwitze!

Sprachwitze also beziehen sich auf Sprachliches. Sie sind Sprachwitze eben aufgrund dieses Rekurses. Am besten ist es hier in der Tat, so allgemein wie möglich von ‹Sprachlichem› zu reden, nicht einfach von ‹Sprache›. Eine Sprache besteht ja, grob geredet, erstens aus Lautlichem, also den einzelnen Lauten, und dem, was zu ihnen an Lautlichem (übrigens sehr komplex) noch hinzukommt (zum Beispiel der Akzent, im sprachwissenschaftlichen Sinne des Begriffs, und die Intonation), zweitens aus Wörtern, die ja aus Lauten (aus einem mindestens) bestehen, aber jeweils Bedeutungen haben, also, in ihrer Gesamtheit, aus dem Wortschatz, dem Lexikon; drittens, eher zum Wortschatz als zur Grammatik gehörend, aus der sogenannten Wortbildung, aus Wörtern also, die aus anderen Wörtern gebildet wurden (*Gärtner, Gartenhaus*); viertens aus der eigentlichen ‹Grammatik›, die man zweckmäßig als ‹Morphosyntax› zusammenfaßt: Morphologie, die Abwandlungen also der Wörter, insoweit es solche gibt, dann Syntax, die Bedeutungen dieser Abwandlungen, die Verbindung der Wörter – im Blick auf ihre Abwandlungen und auf andere grammatische Elemente – zum Satz, wobei die Abfolge ebenfalls wichtig ist: *the hunter kills the lion, the lion kills the hunter* – genau dieselben Wörter, aber beide Sätzchen meinen Gegenteiliges (anders im Deutschen, man sieht auch gleich, warum: *Der Jäger tötet den Löwen, Den Jäger tötet der Löwe*); schließlich gibt es fünftens, was man unter «Idiomatik» zusammenfaßt – all das, was ohne eigentliche Regel eben so oder so festgelegt, also *üblich* ist, was man also, wenn es um eine Fremdsprache geht, einzeln lernen muß (so hat man es aber ja auch, ohne es zu merken, in der *eigenen* Sprache gelernt): bestimmte Gebrauchsweisen, Zusammenfügungen, feste Wendungen und so weiter. Es ist, alles in allem, eine ganze Welt, und doch, muß man sich klarmachen, sind die eigentlichen ‹Mittel› der Sprache knapp: es sind letztlich sehr wenige. Zudem sind sie alle, was ihre Qualität, ihre Materialität betrifft, schwach: es sind ja, wie die Scholastiker sagten, bloß «gehauchte Zeichen», nur ein

«Hauchen der Stimme», «flatus vocis». Um so erstaunlicher, was diese wenigen und materiell schwachen Mittel alles ‹tragen›, denn eigentlich tragen sie, von dem was uns anrührt und wichtig ist, *alles*. «Die Grenzen meiner Sprache», sagt Ludwig Wittgenstein, «sind die Grenzen meiner Welt». Da ist, wie immer es von ihm gemeint wurde (oder was immer dies von der Sache her meinen kann), schon sehr viel dran.

An vielen und recht verschiedenen Stellen kann nun der Sprachwitz einsetzen, zupacken und – spielen. Voraussetzung ist nur, daß das entsprechende Sprachliche *bewußt* ist oder (es ist fast dasselbe) bewußt gemacht werden *kann*. Wenn dies *nicht* geht, taugt es nicht zum Witz. Denn dies gehört ja auch noch (und nun ganz generell) zum Witz: da ist überall, trotz aller «Beziehung zum Unbewußten», Bewußtheit, Klarheit, Helle, Verstehen. Witze muß man verstehen, damit sie wirken. Was keineswegs heißt, daß man sich ihre Wirkung ohne weiteres erklären könnte. Dies gerade nicht. Man lacht halt. Oder tut es halt nicht. «We are not amused», sagte Königin Victoria in so einem Fall, und es war vernichtend. Oft also lacht nur der eine und der andere nicht. Und oft lacht einer und derselbe in *einer* Situation nicht, der in einer *anderen* sehr gelacht hätte oder tatsächlich gelacht hat. Doch ist dies – die komplexe Psychologie des Lachens und Lächelns – ein anderes Thema.

Was nun die Sprache angeht, so ist uns vieles, besonders in der Grammatik, der Morphosyntax, tief unbewußt, womit nicht gesagt ist, daß es zum «Unbewußten» gehöre, denn es kann demjenigen, der sich wirklich dafür interessiert, wenn auch vielleicht mit einiger Mühe, bewußt gemacht werden. Grammatiker müssen ja, jedenfalls als solche, nicht auf die Couch. Bewußt sind den Sprechenden die Laute, besonders in ihren Abweichungen vom Üblichen, etwa die dialektalen, oder auch die durch fremdsprachigen «Akzent» bedingten (der Akzentbegriff des Laien hat mit dem der Linguistik gar nichts zu tun); dies ist die Chance für alle, die Dialektales nachahmen, denn nur wegen dieser Bewußtheit ist Nachahmung – und vor allem das Erkennen von Nachahmung – als Quelle von Komik möglich; auch Lautvertauschungen sind sehr bewußt, die Laute selbst sind es, dann aber auch bestimmte grammatische ‹Fehler›, wenn sie dialektal sind oder mit fehlender ‹Bildung› zu tun haben, dann die Wörter überhaupt, besonders im Blick auf ihre affektive Tönung und die ‹Sprachebene›, der sie zugehören, dann Verstöße gegen die Idiomatik, wenn man etwas sagt, was man eben ‹so nicht sagt›. Aber die Frage der Bewußtheit sprachlicher Elemente (und zwar, denn nur darum geht es hier, für den sprachwissenschaftlichen Laien) ist schon wieder ein fachliches Thema. Es wurde übrigens bisher nicht zusammenhängend erörtert. Lassen wir hier die Frage fallen.

Man könnte auch an Sprachwitze denken, die dies nur für Sprachwissenschaftler sind, weil sie sich auf deren Handwerk und auf deren spezifische Sprachbewußtheit beziehen und weil diese Sprachbewußtheit eine ganz andere ist als die der Laien. Einige (sehr wenige) Witze dieser Art wurden in unsere Sammlung aufgenommen. Was nun das Sprachbewußtsein generell angeht, so gibt es eigentlich drei Arten oder Typen davon: das durchschnittlich normale, das literarische, das insbesondere den literarischen Autor auszeichnet oder auszeichnen kann (denn da gibt es große Unterschiede unter diesen Autoren), schließlich eben das professionelle, das sprachwissenschaftliche. Entscheidend ist, daß auch gerade das literarische Sprachbewußtsein *naiv* – im Sinne des Vorwissenschaftlichen – ist: es ist nur eine quantitative und qualitative Steigerung des normalen. Das normale und das literarische Sprachbewußtsein gehören also zusammen. Ihnen beiden steht das sprachwissenschaftliche entgegen.

Sprachwitze rekurrieren also auf Sprachliches sehr verschiedener Art. Etwa auf Rechtschreibung (der Witz mit den «hungrigen Vögeln») oder auf die Analyse oder (fachlich geredet) Re-Analyse von Wörtern («Er ist der beste Architekt seines Landes. Ihm ist nie etwas eingefallen») oder dann von Namen («Wohnt hier ein gewisser Vogel?» – «Ja, im zweiten Stock. Heißt Fink»), auf Kontaminationen, Wortmischungen also (das genannte und berühmte «famillionär» – ein wahrer Klassiker), auf Wortdefinitionen, auf Mißverständnisse oder falsche Verwendung von ‹Fremdwörtern› («Herrliche Kadaver hängen in dem Schloß», gemeint: Kandelaber), auf Lesen und auf Schreiben, auf Gleichklänge unter Wörtern («Poste restante» – «Katholisch»), auf grammatische und dialektale Bildungsfehler, die ja zusammenhängen, weil Bildung auch heißt, daß man sich von seinem Dialekt etwas zu distanzieren vermag (also etwa die *mir/mich*-Verwechslung im Berliner ‹Volksmund› oder eigentlich die Reduktion des Akkusativs auf den Dativ – da ist der Dativ dem Akkusativ sein Tod, oder der in Freiburg sogenannte «badische Akkusativ», in welchem der Akkusativ dem Nominativ zum Opfer fällt – «Trinke mer noch einer?», was in Freiburg als häufigste Frage gilt), auch literarische Zitierungen gehören, wenn sie witzig sind, hierher, schließlich (diese Liste ist alles andere als vollständig) nicht nur Dialektales, sondern Dialekte überhaupt, lautlich vor allem, und da ist, was die Sprachwitze angeht, das Sächsische hochprivilegiert, dann auch Fremdsprachiges, weil viele Witze direkt oder indirekt auf die Charakterisierung fremder Sprachen zielen, auch dadurch, daß sie mit Hilfe der eigenen Sprache fremdsprachig klingende Sätze bilden (es gibt auch ein Fremdsprachenbewußtsein): so klingt etwa das Türkische, «Radio Ülülü», heißt es bei uns scherzhaft dann, oder ein witziger Döner-Verkäufer bietet im Winter, auf das Türkischbewußtsein der Einheimischen zählend, zusätzlich «Gülühwein» an. Dann der Sprachwitz, der darin besteht, daß jemand realisiert, was er gerade zu bestreiten sucht – wie in dem Witz, in dem der Spanischsprechende einem Katalanischsprechenden sagt, das Katalanische klinge doch wie ein Nußknacker und dieser dann antwortet «Das glaub ich nicht, das glaub ich nicht, das glaub ich nicht», katalanisch: «No crec, no crec, no crec!»

Zu unterscheiden wäre nun zwischen Sprachwitzen im engeren Sinn und solchen, die dies bloß in einem weiteren Sinne sind. Zu den ersteren zählen nur die, die sich unmittelbar, in ihrer «Technik», des Sprachlichen bedienen, es ‹instrumentalisieren›. Zu erörtern, wie dies jeweils erfolgt (wir haben es ja nur ungeordnet und unvollständig aufzählend angedeutet), wäre nun wieder eine fachlich linguistische Untersuchung, die wir hier nicht anstreben, weil dieses Buch ja kein Fachbuch ist und sich allenfalls *auch* an Zunftgenossen richtet. Von diesen übrigens sind zwar viele, keineswegs aber *alle* für solche Scherze aufgeschlossen. Es gibt auch im Hause der Sprachwissenschaft «viele Wohnungen», und in einigen wird nicht gelacht.

Dieses Buch will vor allem eine kurzweilig lustige Sammlung präsentieren. Auch aus diesem Grund haben wir uns nicht an den engeren Begriff von Sprachwitz gehalten und uns großzügig für *alle* Witze interessiert, die in irgendeinem Sinne Sprachliches zum Thema machen und insofern (dies war das Kriterium) «metasprachlich» sind. Wir haben fürs erste einfach alle genommen, derer wir habhaft werden konnten und dann, nach anderen Kriterien, nicht wenige wieder ausgeschieden. Die Sammlung sollte einigermaßen vielfältig sein. Und sie sollte dazu, schon um *noch* vielfältiger zu sein, durchaus auch Fremdsprachiges mit aufnehmen, aber so, daß dabei erläutert und übersetzt wird, denn jeder (dies war unsere Absicht) sollte auch den hier aufgeführten Sprachwitzen folgen können, die sich auf das *Englische* beziehen, dann auf das leider immer unbekannter werdende *Französische* (französische

Wörter, die längst zu unserer Sprache gehören, werden jetzt immer häufiger, auch in den Medien, englisch ausgesprochen – «Dschurnalisten» zum Beispiel, diese sprechen es nunmehr selber so, oder dann skandalöserweise «Rissohsen» für «Ressourcen»), dann auf das *Italienische*, das *Spanische* und gar auf das *Lateinische*. Denn lustig und, nebenbei, besonders lehrreich («Semper aliquid haeret») sind diese ‹lateinischen› Witze ebenfalls. Die Deutschsprachigen unterscheiden sich ja von vielen anderen darin, daß sie gegenüber Fremdsprachigem einigermaßen aufgeschlossen sind und es für normal halten, daß andere Menschen anders sprechen, was einen Anglophonen, übrigens auch einen Hispanophonen, fürs erste eher erstaunt.

Ferner ist zu sagen, dies zeigt unsere kleine Sammlung auch, daß Sprachwitze, seien sie dies nun im engeren oder im weiteren Sinne, nie *nur* Sprachwitze sind – anderes kommt vielfach hinzu. Das Sprachliche ist da oft anderem Witzpotential, das von außerhalb des Sprachlichen kommt, aufmontiert, oder umgekehrt: dem Sprachlichen ist dieses Witzpotential aufmontiert.

Es sind, versteht sich, in der Sammlung gute und weniger gute Witze, pure Albernheiten, aber auch inhaltlich Hochstehendes und Gewichtiges ist darin. Und es gehört dazu, daß man auch darüber streiten kann.

Und noch etwas: was sich hier als «Witz» findet, ist wirklich nur so – als Witz – gemeint. Diese Sprachwitze verstehen sich nicht als Beiträge zur Wissenschaft, wie wir dies heute in den ‹weicheren› Wissenschaften ‹postmodern› (es kommt ja nicht so darauf an) vielfach finden. Wenn etwa der hochbegabte Scharlatan Jacques Lacan argumentiert (wirklich: es ist für ihn ein, bei allem Augenzwinkern, bierernstes Argument), das Gefühl lüge, und sich dabei auf seine Sprache beruft: *le sentiment* das meine doch eigentlich: «das Gefühlte lügt», «le senti ment». Nein, so geht es nicht. Anders sah es Freud, den Lacan ja fortsetzen wollte. Er nennt den bekannten Witz (es ist ein Sprachwitz), der «Schleiermacher zugeschrieben» werde: «Eifersucht ist eine Leidenschaft, die mit Eifer sucht, was Leiden schafft». Und erklärt dazu trocken: «Dies ist unstreitig witzig, wiewohl nicht gerade kräftig als Witz...» Dann aber: «Der im Wortlaut ausgedrückte Gedanke ist wertlos; er gibt jedenfalls eine recht ungenügende Definition der Eifersucht». Schließlich lobt er diesen Witz erneut und zwar – eben als Witz: «Und doch ist es ein Witz, selbst ein sehr vollkommener.» Er ist ja in klassischer Weise, was wir einen «Lächel-Witz» nennen. Also: es geht hier um Witze, nicht um Erkenntnis, nicht um Wahrheit.

Beileibe nicht alle Witze, die hier zusammengestellt wurden, sind ganz ‹neu›. Im Gegenteil – es wurde auch auf «Klassiker» Wert gelegt, denn bestimmte Witze dieser Art muß man einfach kennen. Friedrich Torberg pflegte als Witze-Erzähler auf den Einwand «Ja, den kenn ich schon» zu sagen: «Einen Moment, was Sie kennen, das ist die vulgäre Variante, nicht die Form, in der Sie diesen vorzüglichen Witz jetzt von mir hören werden!» Dies ist ein Gesichtspunkt! Witze sind in der Tat auch etwas wie ein Schatz, der bewahrt werden muß. Es wäre auch gar nicht sinnlos, hier etwas wie einen «Kanon» zusammenzustellen – nicht also die Witze, die irgendjemand besonders gerne mag, sondern die, die in einer Gemeinschaft etwas wie kanonische Geltung erlangt haben. Es ist ja bemerkenswert, daß gute Witze auch erfreuen, wenn man sie schon kennt, sich wieder an sie erinnert. Das Überraschungsmoment, das sie in ihrer Pointe haben, ist seltsamerweise erneuerbar.

Im Grunde aber sollte hier überhaupt nicht *nur* und *primär* der Sprachwitz als solcher vorgeführt werden, sondern, in einem weiteren und sozusagen anthropologischen Sinne, das *Spielerische*, das zur Sprache, genauer: zu unserem *Verhältnis* zu ihr, auch gehört, also jenes immer latente, immer mögliche Aushängen, die Suspendierung auf kurze Zeit des sprachlichen Ernstes. Und in bestimmten Situationen wollen wir uns eben – und nun gerade auch sprachlich – entspannen und sind in ihnen selbst für erhebliche Albernheiten zugänglich, ja geradezu dankbar. Freilich gibt es auch hier beträchtliche Unterschiede des Temperaments.

Wenn es in solchen Situationen um Erwachsene geht, könnte, ja müßte man dies wohl auch als Regression ins Infantile begreifen. «Kratze ein wenig am Mann, und du wirst das Kind finden!», «Grattez l'homme et vous trouverez l'enfant!», sagten die Franzosen lange vor Freud. Und natürlich könnte man wieder fragen: ist da primär der Mann (l'homme) gemeint («das Kind im Manne») oder der Mensch überhaupt (l'homme) – eine berühmte Polysemie aller romanischen Sprachen und auch des Englischen, die das Deutsche, feministisch korrekter, *nicht* hat. Und wieder ist es unerheblich, daß *Mann* etymologisch auf ein Wort zurückgeht, das germanisch *manōn-* gelautet haben muß, und ebenfalls «Mann» *und* «Mensch» bedeutete. Es kommt bei der Beurteilung dessen, was *jetzt* synchronisch ist, darauf nicht an. Doch zurück zu den Frauen: diese infantile Regression als latente Möglichkeit gilt für sie wohl doch ebenso wie für Männer. Und was die Kinder angeht, weiß jeder, wie dankbar gerade sie für Sprachspiele sind und wie lustig für sie ausgesprochener sprachlicher Unfug oder Blödsinn sein kann. Und wie gern sie derlei wieder und wieder hören. Besonders übrigens, wenn im Sprachwitz plötzlich etwas aus der Sphäre des Exkrementellen erscheint. Zwei Beispiele für solche Kinderwitze: die (unterstellte) Mitteilung, zunächst, eines (schwäbischen) Mädchens: «Meine Zähn sind eigentlich no recht gut, bloß im hintere hab ich a Löchle!»; oder die Geschichte, die voraussetzt, wie es früher war, daß in den Bahnhöfen die am Schalter gelösten Fahrkarten vor Betreten des Bahnsteigs, vor der sogenannten «Sperre», von einem Kontrolleur gelocht wurden; der Kontrolleur wurde nun gefragt, warum denn eigentlich die Karten unbedingt gelocht werden müßten, die Antwort war: «Ohne Loch kann man keinen fahren lassen!» Pardon für diese beiden Witze, die denn auch nicht in unserer Sammlung sind – sie entsprechen jedoch genau einer psychischen Realität, für welche der Witze-Beobachter und Sammler nichts kann. Vielleicht liegt in dieser durch bestimmte Situationen geförderten Regression ins Infantile, ob nun mit exkrementellem Anteil oder nicht, die Antwort auf die Frage, warum wir auch und vielleicht gerade über die doofsten Witze besonders lachen.

Hinter dem Sprachwitz steht also letztlich das Spielerische, das Ludische. Warum sollte denn auch der Mensch als Spieler, der «homo ludens», gerade mit seiner Sprache *nicht* spielen? Eigentlich, «in letzter Analyse», wie die Anglophonen und Frankophonen sagen, ist der Sprachwitz ein *Spielen*, ein Spielen mit der Sprache, und dann und vor allem die *Freude* an solchem Spiel. Dieses Ludische ist also wohl die Quelle des Sprachwitzes. «Sprachspiel» wäre daher für den Sprachwitz genau das rechte Wort, der rechte Oberbegriff. Leider aber ist bekanntlich dieses Wort, als Terminus, durch Wittgenstein definitiv besetzt. Und dieser höchst einflußreiche Philosoph bezieht sich mit «Sprachspiel» nun gerade auf das Sprachspielerische kaum oder gar nicht; allenfalls schließt er es nicht aus. Er meint mit ihm, innerhalb seines philosophischen Projekts, etwas anderes. Wir wollen dies nicht kritisieren, sondern nur bedauernd feststellen, daß «Sprachspiel», obwohl genau passend, nicht mehr als Oberbegriff für ‹Sprachwitz› verwendbar ist.

Übrigens muß solches Spielen mit der Sprache nicht immer witzig sein. Es gibt auch ernste Wortspiele, die etwas von Sprachwitz haben, aber doch keine Sprachwitze sind. «Du bist Petrus, und auf diesen Felsen will ich meine Kirche bauen...»

(Matthäus 16,18). Die zwei Sätze dieses Worts sind sicher ein Wortspiel, und doch sind sie ernst. Sie sind kein Witz. Daß ein Wortspiel vorliegt, zeigt der lateinische Text (der griechische Urtext sowieso): «tu es Petrus, et super hanc petram aedificabo ecclesiam meam...» Petrus hieß ja eigentlich (und dieser Name erscheint hier, im Vers zuvor, auch) *Simon Bar Jona*; Jesus gab ihm nun den Übernamen *Kephas*, und daraus wurde, ins Lateinische übersetzt, *Petrus*, was auf *petra* «Felsen» deutet. Oder nehmen wir (wieder eine ernste Stelle) den Schluß von «Faust II», den «Chorus Mysticus»: «Alles Vergängliche/ Ist nur ein Gleichnis;/Das Unzulängliche/Hier wird's Ereignis...» Ist nicht in dem substantivierten Adjektiv «das Unzulängliche» ein (wiederum ernstes) Wortspiel? Denn dieses Wort kann doch an *der* Stelle unmöglich die Bedeutung haben, die es sonst hat, nämlich «das Unzureichende», so wie wir sagen, eine Arbeit sei unzulänglich, also nicht aus- oder zureichend, somit mangelhaft. Sonst würde da ja gesagt, was doch wohl auszuschließen ist, das Mangelhafte werde hier, also in der Aufnahme Fausts in den Himmel, Ereignis, also Realität. Nein, hier nimmt Goethe ganz offenbar spielerisch vor, was die Linguisten eine «Re-Analyse» nennen. Er nimmt das Wort, was sich von seiner Beschaffenheit her ohne weiteres rechtfertigen läßt, im Sinne von «dasjenige, das wir nicht erreichen, wohin wir nicht *langen* können». Hier, meint er, wird Ereignis, was eigentlich (von uns aus) *nicht* erreicht werden kann, eben: das Unzulängliche. Übrigens macht Goethe zwei Seiten davor ein analoges Wortspiel mit dem Adjektiv *überflüssig*: «Bei der reinen reichen Quelle/Die nun dorther sich ergießet/Überflüssig, ewig helle,/Rings durch alle Welten fließet» – da ist es doch wieder unzweifelhaft, daß «überflüssig» *hier* etwas ganz anderes meint als sonst, nämlich (und eigentlich, aber eben spielerisch und *gegen* den Sprachgebrauch): »über alle Maßen flüssig». Dies ist nun nicht zum

Lachen, aber zum Lächeln schon. Und: wenn Goethe es bei
«überflüssig» macht, warum nicht auch, noch dazu in großer
Nähe, bei «unzulänglich»?

Was das Lächeln angeht, müssen wir nun etwas klarstellen
und dabei zunächst unsere Sprache kritisieren, denn sie präsentiert die Dinge so, als sei das Lächeln die Verkleinerung, das
Diminutiv von Lachen, als sei das Lächeln ein kleines, ein
gleichsam nicht zur Erfüllung gekommenes Lachen. Das ist
aber nur in einem rein äußerlich phänomenologisch beschreibenden Sinne ungefähr vertretbar. Psychologisch stimmt es
ganz und gar nicht. In Wirklichkeit ist das fundamentale Phänomen das Lächeln, nicht das Lachen. Das Lächeln ist keineswegs ein kleines Lachen, sondern eher umgekehrt: das Lachen
ist ein sich steigerndes, gleichsam entgleisendes Lächeln. Unsere Sprache sieht dies also falsch. Kein Kind kommt herzlich
lachend zur Welt. Ganz im Gegenteil, sehr bekanntlich. Aber
das Lächeln ist vielfach bereits nach wenigen Tagen, gelegentlich, wie man hört, nach Stunden, schon da. Das Lachen erscheint erst viel später. Auch dies deutet gewiß auf den fundamentaleren Charakter des Lächelns. Lachen und Lächeln sind
zwei verschiedene, wenn auch natürlich nicht unzusammenhängende Phänomene. Darauf weist auch Helmuth Plessner
hin, der nach «Lachen und Weinen» (1941) noch einmal eigens
über das Lächeln geschrieben hat. Man kann aber auch ohne
ihn darauf kommen. Und daß Lachen und Lächeln verschieden sind und doch zusammenhängen, zeigt gerade der Witz
(und nun natürlich der Witz allgemein). Beide Reaktionen auf
einen Witz sind möglich, und ein Witz ist nicht schlechter,
wenn er ‹nur› zu einem Lächeln führt und nicht ‹bis› zu einem
Lachen. Die Lächel-Witze stehen intellektuell (und emotional) höher als die Lach-Witze, gegen die aber gar nichts gesagt
werden soll, denn *eine* psychisch-soziale Funktion des Witzes
ist nun einmal das herzliche, ansteckende, verbindende, kräf-

tig lockernde, Aggressionen auflösende oder gar erlösende Lachen. Das ist es, was Freud mit der Kategorie der «Lachkraft» eines Witzes meint. Auffallend und bemerkenswert, daß sich die Sprachwitze von den übrigen in *diesem* Punkt nicht unterscheiden: es gibt auch unter ihnen beide Varianten: Lächel-Witze und Lach-Witze.

Wir haben im Blick auf *lachen* und *lächeln* das Deutsche kritisiert; in gleicher Weise müßte aber auch das Französische kritisiert werden, denn im Unterschied von *sourire*, «lächeln» und *rire*, «lachen», erscheint das Lächeln ebenfalls als ein pures Weniger des Lachens. Im Englischen hingegen wird lexikalisch klar unterschieden, so daß das Gemeinte als deutlich getrennt und jeweils eigenständig erscheint: *to smile* und *to laugh*. Dagegen unterscheidet das Englische in *to cry* nicht zwischen «schreien» und «weinen».

Zur Menschlichkeit des Lachens und des Lächelns ist schon viel gesagt worden. Und man wird *daran* wohl festhalten müssen. Nur Menschen lächeln. Übrigens war dies seinerzeit ein wichtiges Argument, als Columbus Indios mit nach Spanien brachte und dort die theologisch gemeinte Frage erörtert wurde, ob sie denn Menschen seien. Und nun stellte es sich heraus, daß diese Indios lächelten. Konsequent wurde dies zum Argument für die These: «Das sind Menschen». Übrigens bestätigen die Menschlichkeit des Lachens auch Wendungen unserer Sprache. Zum Beispiel der Ausruf (synonym zu «Das ist doch ein Witz!»): «Da lachen ja die Hühner!», womit doch impliziert ist, daß sie keineswegs lachen... Also: da lachen selbst die, die sonst keinesfalls lachen.

Was sollen wir noch sagen? Da wir schon bei der Sprache sind und das Deutsche gerade kritisieren mußten, vielleicht noch dies. Im Deutschen – dies wollen wir nicht kritisieren, sondern nur feststellen – ist der Witz in doppelter Weise heruntergekommen – geschichtlich und im gegenwärtigen Gebrauch.

Die althochdeutschen und mittelhochdeutschen Substantive *wizzi, witze* hießen «Wissen», «Verstand», «Klugheit»; erst im 18. Jahrhundert kam die Bedeutung «Scherz» für *Witz* auf, die also noch immer die unsere ist. Aber noch Lessing gab eine Zeitschrift heraus, die sich «Das Neueste aus dem Reich des Witzes» nannte, und hier war ja offensichtlich nicht «Witz» gemeint, sondern «Geist». «Das Neueste aus dem Reich des Geistes» – wer aber, nebenbei, würde es heute wagen, eine Zeitschrift so zu nennen? Eigentlich ja doch ein ganz sachlicher Titel! Aber zurück zum Wort *Witz*. In *gewitzt* und *gewitzigt*, auch in *aberwitzig* und *Mutterwitz* hat sich jene alte Bedeutung bis heute erhalten. Also sind die Bedeutungen «Wissen», «Verstand», «Klugheit» auf «Witz» heruntergekommen. Übrigens ist ja auch in dem heute meist mißverstandenen «Treppenwitz der Geschichte» die alte Bedeutung noch anzusetzen. Der Ausdruck ist eine Übersetzung des französischen und da noch immer geläufigen *esprit d'escalier*, womit das bekannte Phänomen gemeint ist, daß uns oft erst *nachher*, nachdem die Möglichkeit, die wir hatten, vorüber ist, in den Sinn kommt, was wir *eigentlich* hätten sagen sollen, also das, was einem leider erst einfällt, wenn man die Treppe (etwa des Rathauses) wieder hinuntergeht... Dies war auch im Deutschen der ursprüngliche «Treppenwitz». So aber verwenden wir das Wort kaum mehr, wenn wir von etwas sagen, es sei «ein Treppenwitz der Geschichte». Da meinen wird irgendetwas auf lächerliche und unerfreuliche Weise Lustiges, das sich verspätet und anders als erwartet ergab. *Witz* war also vormals, «im vorliterarischen Deutsch das Urwort des Verstandesbereichs», wie Jost Trier sagte, und ist nun herabgestuft und an die Peripherie des Intellektuellen abgedrängt worden – er bleibt aber doch (und dies stimmt mit dem zuvor Gesagten überein) *in* diesem Bereich. Aber halt, Einspruch! Dies alles heißt doch nicht, daß, was wir *jetzt* mit *Witz* meinen, abgewertet worden sei. Ganz im Gegenteil könnte man sagen, daß für die Bedeutung «Witz» gerade dieses «Urwort» herangezogen worden ist, sei eine Aufwertung. In Wirklichkeit fand einfach eine neue Verteilung statt. Nur das Wort *Witz* ist also heruntergekommen, nicht, was es meint.

Und heute, wie ist es heute und nun also nicht mehr geschichtlich gesehen? Da haben wir die eben genannte und enthüllende Wendung (und in charakteristischem Ton gesprochen) «Aber das ist doch ein Witz!», wenn man also sagen will: das ist Unsinn, das kann doch gar nicht ernst genommen werden. Da meint man das Gegenteil von seriös. Und dies paßt nun wieder dazu, daß, wie festgestellt, ein Witz eben nur etwas Erzähltes ist und zudem etwas nur *zum Spaß*, damit es also *lustig* sei, Erzähltes. Somit ohne Realitätsgehalt. Übrigens gibt es die Wendung auch scheinbar positiv, aber die negative Bewertung bleibt dieselbe: «Das ist ja ein wunderbarer Witz!» Da wird also etwas als Witz gelobt, aber gerade damit als substanzlos, als irreal abgewertet. Der Witz steht somit, von dem her gesehen, was (metaphorisch geredet) die Sprache selbst über ihn weiß und sagt, offensichtlich nicht hoch. Sonst würde man doch nicht etwas Negatives einfach als ‹Witz› bezeichnen. Freilich ist die Sprache hier unzuverlässig. Warum ist zum Beispiel das Adjektiv *hündisch* so negativ? Sollte man daraus schließen, daß der Hund bei uns, denn von der Sprache her sieht es ja so aus, negativ bewertet wird? Auch ist ja ‹Du Hund!› eine arge Beschimpfung. Nur im Bayrischen bekanntlich drückt es Hochachtung aus, wenn von jemandem (einem Mann) gesagt wird: «Jo, a Hund is er scho!» Man meint damit: Hut ab, er ist schlau, treibt alles mögliche, aber dermaßen geschickt, daß ihm niemand an den Wagen fahren kann. Aus *hündisch* also kann man nicht schließen, daß der Hund durch unsere Sprache negativ bewertet werde. So müssen wir auch vorsichtig sein mit ‹Das ist ja ein Witz!›.

Bemerkenswert ist übrigens auch, was das Wort *Witz* angeht, daß es da französisch keine rechte, keine so allgemeine Entsprechung gibt. Im Englischen haben wir *joke* als Zentralwort («thing said or done to excite laughter»), ebenso im Spanischen *el chiste* und im Italienischen *la barzelletta*. Aber im Französischen? Da gibt es viele Wörter, aber kein so umfassendes: *bon mot, mot d'esprit, mot pour rire, jeu de mots, calembour, plaisanterie, boutade, astuce* und das familiäre *blague* (*sottise* hat die Bedeutung nicht, die das entsprechende, natürlich zunächst französische Wort im Deutschen hat – da heißt es nur eben «Dummheit»). So wäre es gar nicht leicht, unseren Titel «Sprachwitze» ins Französische zu übersetzen, denn *jeux de mots* wäre zu eng. Und dann – wichtiger – wäre zu untersuchen, was das Fehlen eines zentralen Begriffs und ein solch differenziertes Angebot an Begriffen, von denen jeder einen begrenzteren Umfang hat, bedeutet, was es an Folgen mit sich bringt. Und wieder geschichtlich gesehen: der pure Zufall kann dies schwerlich gewesen sein.

Die Witze, die hier gesammelt wurden, stammen vielfach aus dem Fundus dessen, was der Sammler ‹gehört› hat; er hat dafür ein ärgerlich gutes Gedächtnis und könnte von jedem einzelnen sagen, von wem und bei welcher Gelegenheit er ihn hörte. Dann gibt es Sammlungen, die ihn angeregt haben und von denen er einiges, ohne es immer eigens zu zitieren, übernommen hat. Wichtig waren ihm, neben den (für ihn) klassischen Sprachwitz-Produzenten wie Karl Valentin und Johann Nepomuk Nestroy (da wäre viel mehr auszuwählen gewesen – beide, Valentin noch besonders, dachten scharf der Sprache entlang); das Witzbuch von Sigmund Freud (also: «Der Witz und seine Beziehung zum Unbewußten»), das ja auch und auf jeden Fall eine grandiose Witzsammlung ist; dann das schöne und so sympathische Buch von Herbert Schöffler «Kleine Geographie des deutschen Witzes», das mit einem neuen Titel (und einem schönen Essay von Helmuth Plessner) nach dem Krieg wieder herauskam (erstmals, 1955, dann immer wieder), zuvor, also unter den Nazis, hatte die in Fortsetzungen erschienene Sammlung zeitgemäß «Der Witz der deutschen Stämme» geheißen (ein Beispiel für eine sprachwitzige Titeländerung!); natürlich auch «Jüdische Witze. Ausgewählt und eingeleitet von Salcia Landmann» (1963); dann die «Heiteren Erinnerungen» des Philosophen Erich Rothacker (1963), und, was Churchill angeht, Bill Adlers «Winston Churchills gesammelte Bosheiten», eine englisch-deutsche Ausgabe (1967), denn hier braucht man wirklich das Original, und der englische Titel ist natürlich viel besser: «The Churchill Wit» (1965) – warum wäre «Churchills Witz» nicht gegangen? Denn genau darum, um den Witz und gerade auch den enormen und differenzierten Sprachwitz des Mannes, handelt es sich hier. Das schönste und wohl auch tiefste Buch über den Gegenstand ist Peter L. Bergers «Erlösendes Lachen. Das Komische in der menschlichen Erfahrung» (1997), von Joachim Kalka trefflich ins Deutsche gebracht (1998).

Diese Sammlung von Sprachwitzen ist, wie es scheint, erst die zweite im deutschen Sprachraum. Die erste erschien (sie ist inzwischen vergriffen) vor acht Jahren, 1997, auch im «Verlag C. H. Beck» (und ebenfalls unter dem freundschaftlich angenehmen Lektorat von Raimund Bezold). Und diese Sammlung hatte indirekt mit dem ‹Verfasser› dieser jetzt vorgelegten zweiten zu tun, denn sie war ihm gewidmet und dreien seiner sprachwissenschaftlichen Schüler (und Freunde) zu danken: Peter Koch, Thomas Krefeld, Wulf Oesterreicher. Ihr Titel: «Neues aus Sankt Eiermark. Das kleine Buch der Sprachwitze». Da finden sich im «Nachwort» auch eine klar ins Linguistische gehende Analyse und vier Seiten ‹harter› Anmerkungen mit Hinweisen auf wissenschaftliche Literatur. Gerade auch deshalb wurde hier, im Vorwort und überhaupt, darauf verzichtet.

Natürlich wäre es schön, wenn noch weitere solcher Sammlungen kämen, auch weit speziellere für die Sprachen, die in diesem Buch vertreten sind, und für andere auch. Und dann wäre es an der Zeit, unter modernen sprachwissenschaftlichen Gesichtspunkten die speziell sprachliche «Technik» der Sprachwitze innerhalb der Witze überhaupt zum Gegenstand zu machen. Man würde dabei nicht nur über die Witze, sondern auch über die Sprachen nicht weniges erfahren. Über die Sprachen und über *die* Sprache, worum es letztlich, wie indirekt auch immer, sprachwissenschaftlich stets gehen sollte.

Im übrigen, wie Verdi den «Falstaff», seine letzte Oper, in gewaltigem Fugenchor, schließen läßt: «Alles in der Welt ist ein Spaß» oder auch – «ein Witz», «Tutto nel mondo è burla». Das war fast zwanzig Jahre nach dem «Requiem»; dem «Falstaff» folgten aber noch die «Quattro pezzi sacri».

Dieses Buch widme ich dem Andenken an Georg Hensel, den unvergessenen Theaterkritiker. Er war aber auch einiges mehr. Zum Beispiel hat er, neben dem Groß-Handbuch «Der Spielplan», eine grandiose (und auch überaus witzige, zum Teil grimmig witzige) Autobiographie geschrieben: «Glück gehabt» (1994). Wir waren nicht befreundet (das darf ich keinesfalls behaupten), haben uns aber, nachdem wir leider spät (spät von ihm aus gesehen) zusammengetroffen waren, gut verstanden und nicht wenige Briefe gewechselt. Und er nahm, da er viel Sinn für dergleichen hatte, tätigen Anteil an dieser Sammlung, wie sie damals schon im Entstehen war, und reagierte auf sie, was nun wieder mich ermunterte, nicht nur freundlich, sondern amüsiert und wie angesteckt. Ihm hätte sie gefallen.

Sprachwitze

Der umgestürzte Polizeiwagen

Heute nacht ist in München ein Polizeiwagen umgestürzt. War ja auch kein Wunder: auf der einen Seite saßen nur leichte Mädchen, auf der anderen nur schwere Jungs. Und dann kamen sie nicht zur Tür raus, denn da saß ein Zuhälter.

Skeptischer Igel

Ein Igel trifft im Wald auf einen Wolfshund. Er fragt ihn: «Was bist denn du?» – «Ich bin ein Wolfshund.» – «Ein Wolfshund?» – «Ja, mein Vater war ein Wolf und meine Mutter eine Hündin.» – «Ach so», sagt der Igel und geht weiter. Dann trifft er auf ein anderes Tier und fragt: «Was bist du?» – «Ich bin ein Ameisenbär», antwortet das Tier. Darauf der Igel: «Das glaub' ich nicht».

Scheißstaat

In den siebziger Jahren murmelt jemand auf einer großen Straße in Ostberlin, mehr oder weniger hörbar, immer wieder vor sich hin: «Scheißstaat!» Schließlich fällt er einem Polizisten auf. «Kommen Sie mal mit!», sagt der zu ihm. «Wieso?», fragt der Mann zurück, «ich hab' doch gar nicht gesagt, welchen Staat ich meine.» Der Polizist antwortet: «Na, also gut, gehen Sie weiter!» Nach einigen Schritten ruft ihn der Polizist zurück: «He, Sie, kommen Sie doch mit! Ich hab mir's überlegt: es gibt nur einen Scheißstaat!»

Tiger

Eine Frau steht vor einem hochumzäunten Gehege in einem Zoo und sagt zu ihrem Begleiter: «Was würden diese Tiger wohl sagen, wenn sie reden könnten?» Ein anderer Besucher mischt sich ein: «Als erstes wohl: ‹Wir sind Leoparden, gnädige Frau!›»

Possart

Der große Schauspieler und Theaterverwalter Possart, gestorben 1921, war zuletzt Intendant des Münchener Hoftheaters. Jedenfalls war dies die höchste Position, die er erreichte. Als jemand Schwierigkeiten hatte bei der Nennung seiner Titel, sagte Possart wohlgelaunt: «Ach, lassen Sie doch diese lästigen Titelgeschichten! Sagen Sie doch ganz einfach: ‹Exzellenz, Herr Generalintendant, Doktor Ritter Ernst von Possart›!»

Spectabilis

Der Dekan einer Philosophischen Fakultät rief zu Beginn der vorrevolutionären sechziger Jahre alle Assistenten zu einer Besprechung zusammen. Nachdem er zwei- oder dreimal mit «Spectabilis» angeredet worden war, sagte er: «Ach, lassen Sie doch dieses entsetzliche ‹Spectabilis›! Sagen Sie doch ganz einfach ‹Herr Dekan›!»

Deutschland

Berliner Antwort auf ein im letzten Kriegsjahr offiziell angebrachtes Plakat mit der Frage «Was tust Du für Deutschland?». Jemand hatte darunter gekritzelt «Ick zittere».

Neue Feiertage

Viktor Klemperer notiert in seinem Tagebuch: «Ein besonders guter Witz: Hitler, der Katholik, habe zwei neue Feiertage kreiert: Maria Denunziata und Mariä Haussuchung.»

Bobby

Dem als Witzfigur bekannten Grafen Bobby in Wien wurde einst in einem naturkundlichen Museum ein Straußenei gezeigt. Er blieb wie angewurzelt stehen. «Donnerwetter», sagte er schließlich, «hätte ich nicht gedacht – der Walzerkönig!»

Tante Jolesch

«Die Schilderungen von Unglücken, Katastrophen, größeren oder kleineren, werden oft mit der Bemerkung abgeschlossen: «Es war noch ein Glück, daß...» oder «Zum Glück hatte wenigstens...» oder, direkter, «Glück im Unglück war, daß...» Nach einer solchen Schilderung, berichtet Friedrich Torberg, habe Tante Jolesch, beinahe absichtslos, das «Tiefgründigste» gesagt, das sie je gesagt habe, nämlich: «Gott soll einen hüten vor allem, was noch ein Glück ist» (Die Tante Jolesch).

Volkseigener Betrieb (VEB)

Diese Abkürzung der DDR wurde auch übersetzt mit: «Vatis ehemaliger Betrieb».

LPG

«LPG» war in der DDR eine «Landwirtschaftliche Produktionsgenossenschaft». Einst speiste in einer LPG der Staatsratsvorsitzende Ulbricht. Er war mit dem Essen äußerst zufrieden und sagte beim Weggehen: «Ich hätte gar nicht gedacht, daß man in einer LPG so gut essen kann.» Da klärte man ihn auf: es handle sich nicht um eine landwirtschaftliche Produktionsgenossenschaft, sondern um die letzte private Gaststätte.

Otto von Habsburg

Dr. Otto von Habsburg, Enkel Kaiser Franz-Josephs und hochgebildeter Politiker Österreichs, hält oder hielt, wie man weiß, nicht wenige Vorträge. Als es wieder einmal um einen Termin ging, sagte ihm sein Adjutant: «Kaiserliche Hoheit, an diesem Tag ist es nicht günstig, wenn Sie sprechen, da ist nämlich ein wichtiges Fußballspiel.» – «So», sagte Otto von Habsburg, «gut, das versteh ich. Und wer spielt denn?» – «Österreich – Ungarn, Kaiserliche Hoheit». – «So, das ist ja interessant ... Ja und – gegen wen?»

Solferino

Kaiser Franz Joseph kam 1848 zur Regierung. Sein Vorgänger war Kaiser Ferdinand, der von 1835 an regierte, dann aber, 1848, mehr oder weniger auf Druck, wegen Unfähigkeit zugunsten seines Neffen Franz Joseph abdankte. Als 1859 Napoleon III. und die Piemontesen die Österreicher in der Schlacht von Solferino (bei Mantua) vernichtend besiegt hatten, sagte Ferdinand leise triumphierend: «So hätt' i's a no troffen.»

Der Name des Lachses

Für gläubige Juden gilt die Regel, daß etwas keine Verfehlung ist, wenn es ohne Wissen geschieht. Wenn also ein solcher Jude zum Beispiel Schweinefleisch ißt und meint, es sei etwas anderes, ist dies keine Verfehlung. Ein Jude nun sieht in einem Geschäft einen wunderbaren Schinken und gerät in Versuchung. Schließlich sagt er dem Verkäufer: «Geben Sie mir, bitte, ein halbes Pfund von diesem Lachs!» Der Verkäufer sagt: «Das ist kein Lachs, das ist Schinken.» Darauf der Jude empört: «Hab ich Sie gefragt, wie dieser Lachs heißt?»

Wortdefinition
Herr Pfleiderer: «Können Sie definieren, was ein Vakuum ist?» Herr Häberle: «Natürlich kann i das. Ein Vakuum, ein Vakuum, das ist ein ... ja, also i hab's em Kopf, aber i kann's net sage» (Häberle und Pfleiderer, also Oscar Heiler und Willy Reichert; «Vakuum» ist hier mit ‹f› zu sprechen).

Meineid
Zwei Zeugen verabreden sich, vor Gericht unter Eid dasselbe auszusagen. Einer faßt das Verabredete abschließend zusammen: «Mein Eid ist dein Eid, und dein Eid ist mein Eid.»

Akustisch
Ein Professor (Sprachwissenschaftler) hält einen Vortrag. Nach einigen Sätzen unterbricht er sich mit freundlicher Geste zum Mikrophon: «Können Sie mich verstehen?» Ein Kollege (Philosoph) ruft zurück: «Nur akustisch!»

Tel Aviv
Hinweisschild in öffentlichen Verkehrsmitteln in Tel Aviv: «Nicht mit dem Wagenführer sprechen. Er braucht seine Hände zum Fahren.»

Der kürzeste Schüttelreim (vielleicht)
«Du bist – Buddhist.»

Ein andrer
«Erst scherzt er mit dem dreisten Lieschen,
Jetzt schmerzen ihn die Leistendrüschen.»

Der kompletteste Schüttelreim
«Ein Auto fuhr durch Gossensaß
Und kam durch eine Soßengaß,
So daß die ganze Gassensoß
Sich über die Insassen goß»
(dieser Schüttelreim stammt wohl von Karl Fuß, alias Wendelin Überzwerch).

Keyserling
Schüttelreim (von dem damals hochberühmten Germanisten Friedrich Gundolf) auf den Philosophen Hermann Graf Keyserling: «Als Gottes Atem leiser ging,/Schuf er den Grafen Keyserling.» Darauf soll Keyserling, wenn die Geschichte stimmt, mit einfachem Reim geantwortet haben: «Und als sein Atem noch geringer,/Schuf er den Friedrich Gundelfinger.» Friedrich Gundolf hieß nämlich von Haus aus Gundelfinger (vielleicht nach dem Ort Gundelfingen bei Freiburg).

Gespräch in einer Bäckerei in Darmstadt (oder Heidelberg)
«Sin die Weck weg?» – «Jo, sin all all.» – «Wer war'n do do?»

Münchener

Ein Schweizer Komiker, der in München lebt, meinte, daß die Münchener offenbar unter einem eigentümlichen Orientierungsverlust leiden, bei jeder Gelegenheit nämlich würden sie fragen: «Ja, wo sammer denn?»

Würstchen

In einer Bahnhofshalle steht ein Verkäufer und ruft: «Heiße Würstchen!» Jemand, der eilig vorbeigeht, sagt ihm: «Ist doch mir egal, wie Sie heißen!»

Der Blinde und der Lahme – klassisch

«Wie geht's?» fragte der Blinde den Lahmen. «Wie Sie sehen», antwortete der Lahme dem Blinden.

Badehaus

Zwei Juden treffen sich in der Nähe des Badehauses. «Hast du genommen ein Bad?» fragt der eine. «Wieso?» fragt der andere zurück, «fehlt eins?»

Frosch

Ein Frosch hüpft in eine Milchhandlung. Die Verkäuferin fragt ihn: «Was wünschen Sie?» Der Frosch antwortet: «Quak.»

Famillionär

Der Hühneraugenoperateur und Lotteriekollekteur Hirsch-Hyacinth bei Heinrich Heine («Die Bäder von Lucca»): «Und so wahr mir Gott alles Gute geben soll, Herr Doktor, ich saß neben Salomon Rothschild, und er behandelte mich ganz wie seinesgleichen, ganz famillionär» (zit. bei S. Freud, Der Witz und seine Beziehung zum Unbewußten, II).

Trauring

Ein junger Mann, der bisher in der Fremde ein heiteres Leben geführt, besucht nach längerer Abwesenheit einen hier (also in Wien) wohnenden Freund, der nun mit Überraschung den Ehering an der Hand des Besuchers bemerkt. Was? ruft er aus, Sie sind verheiratet. Ja, lautet die Antwort: «Trauring, aber wahr» (Freud, Der Witz und seine Beziehung zum Unbewussten, II).

Einladung

Er lud mich zu einem Whisky Soda ein: Er trank den Whisky – ich saß so da. Dann fragte er, ob er mir eine Erfrischung anbieten dürfe: Da machte er das Fenster auf.

Amsel

Ein verwirrter, nur ganz notdürftig deutsch sprechender Ausländer erscheint auf dem Polizeirevier. Er getraut sich nicht zu reden. Schließlich stockend: «Ich habe meine Frau geamselt.» Der Polizeikommissar lächelt verständnisvoll und sagt: «Nun, ich denke, Sie sind doch verheiratet mit dieser Frau oder leben jedenfalls mit ihr zusammen, oder nicht?» – «Ja, sicher, wir verheiratet, drei Jahre.» – «Ja also, dann ist dies doch kein Fall für uns. Gehen Sie wieder nach Hause.» Der Mann schüttelt den Kopf und geht. Nach zwanzig Minuten ist er wieder da und erklärt: «Ich habe meine Frau gedrosselt.»

Großschreibung

Die Wichtigkeit der Großschreibung im Deutschen zeigt ein Satz wie dieser: «Helft den hungrigen vögeln!» Durch den Unterschied von Groß- und Kleinschreibung kann dieser sonst – akustisch und graphisch – zweideutige Satz eindeutig gemacht werden.

Lautmalerisches 1

Zum Kater Munzel:
«Sehr in Ängsten sieht man ihn
Aufwärts sausen am Kamin.
Ach! – Die Venus ist perdü –
Klickeradoms! – Von Medici!
Weh! Mit einem Satze ist er
Vom Kamine an dem Lüster;
Und da geht es Klingelingelings!
Unten liegt das teure Dings»
(Wilhelm Busch, Die fromme Helene, Siebentes Capitel).

Lautmalerisches 2

«Was brachten die nicht alles mit,
zum Stall von Bethlehem.
Weithin erklirrte jeder Schritt,
und der auf einem Rappen ritt,
saß samten und bequem.
Und der zu seiner Rechten ging,
der war ein goldner Mann,
und der zu seinen Linken fing,
mit Schwung und Schwing
und Klang und Kling,

aus einem runden Silberding,
das wiegend und in Ringen hing,
ganz blau zu rauchen an«
(Rilke, Die Heiligen Drei Könige).

Der fehlende Bezugspunkt
Während der Zeit der Verfolgung überlegen sich einige Juden, zum Glück bereits außerhalb Deutschlands, wohin sie nun gehen sollen. Einer sagt: «Wir gehen nach Neuseeland.» Die anderen: «Das ist uns zu weit.» Darauf die Rückfrage: «Weit von wo?»

Schuhe
Zwei Berliner Schuhgeschäfte heißen «Leiser» und «Stiller». Jemand fragt an der Rezeption eines Hotels: «Wo kann man hier gute Schuhe kaufen?» Die Antwort: «Leiser!» Darauf der Fragende, weniger laut, noch einmal: «Wo kann man hier gute Schuhe kaufen?» Die Antwort ist nun: «Stiller!» Worauf der Fragende nun direkt flüsternd seine Frage noch einmal wiederholt.

Widmung
Hofmannsthal wurde einst, nach einem Abendessen, von seinen Gastgebern gebeten, ihnen eines seiner Bücher, das ihm vorgelegt wurde, zu widmen. Er zögerte einige Minuten und schrieb dann: «Nach langer Überlegung – Hugo von Hofmannsthal».

Schriftsteller

«Ein Schriftsteller ist jemand, dem das Schreiben schwerfällt.» So ein berühmter Satz Thomas Manns, aus dessen Werk sich eigentümlicherweise kaum Sentenzen herausholen lassen; der Satz fiel denn auch außerhalb seines literarischen Werks. Eines Tags, berichtet Golo Mann, stand Ulrich von Wilamowitz-Moellendorff, der große klassische Philologe, in einer Reihe nicht weit hinter Thomas Mann. Es galt, sich in ein Gästebuch bei einem offiziellen Treffen einzutragen, und Thomas Mann trug jenen Satz ein. Wilamowitz las und murmelte, bevor er sich selbst eintrug: «Dann soll er's doch bleiben lassen!»

Spätes Brennen

Als ein Kollege von der späten Heirat des Wiener Philosophen Franz Brentano hörte, sagte er: «Brentano – brennt-a-no.»

Himmel

Als Voltaire erfuhr, daß ein Kardinal beinahe von einem herabstürzenden Betthimmel erschlagen worden sei, rief er aus: «Gerechter Himmel!», «Juste ciel!»

Kontamination 1

«Das ist ein Steckengebiet von ihm»; «Darauf leg ich jetzt keine Rolle»; «Die Sache ist mir über den Berg gewachsen.»

Kontamination 2

Ein (Freiburger) Oberbürgermeister – erregt und mehrmals: «Ich finde das einfach unverantwortungslos ...»

Fastentage

Gegenüber der großen Synagoge in Berlin befand sich ein gutes jüdisches Restaurant. An den Fastentagen pflegten die Kellner vor der Tür des Restaurants zu stehen; sie flüsterten den aus der Synagoge Heraustretenden zu: «Für die Herren Fastenden ist im Hinterzimmer serviert.»

Amtliches Schreiben

Alte preußische Stil-Anweisung für die Abfassung eines amtlichen Schreibens: «Es muß kurz sein und verletzend.»

Norddeutsch

«Es wird schon wieder wern,
sagte die Mutter Bern,
denn bei der Mutter Korn
is es ja auch wieder worn.»

Vokale

«Therese Weichbrodt hatte mit soviel Nachdruck, daß alle Vokale ihre Plätze gewechselt hatten, das Weihnachtskapitel verlesen...» (Th. Mann, Buddenbrooks, 8. Teil, Kapitel 8).

Kein Schmerz

Christian Buddenbrook: «Es ist kein Schmerz, wißt ihr, es ist eine Qual... eine unbestimmte Qual, weil hier alle Nerven zu kurz sind. Sie sind ganz einfach alle zu kurz...» (Th. Mann, Buddenbrooks, Achter Teil, Kapitel 8).

Undank

Walter Legge, der große und höchst verdienstvolle Plattenproduzent, übrigens mit der Sängerin Elisabeth Schwarzkopf verheiratet, pflegte zu sagen: «Immer ist Undank/Legges Lohn!» (er zitierte damit den listigen Feuergott Loge aus Wagners ‹Ring des Nibelungen›, der im ‹Rheingold›, 2. Szene, singt: «Immer ist Undank Loges Lohn!»).

Antwort

Ein Sänger, der in Wagners «Ring» den Wotan zu spielen hatte, war mit einer Sängerin, welche die kurze, aber eindrucksvolle Rolle der «Urmutter» Erda hatte, verkracht. Die Sängerin antwortete ihm nicht mehr auf seine Fragen. Der Sänger sagte zu seinen Kollegen, heute werde sie ihm aber antworten. Während der Vorstellung, in der 4. Szene, fragte er sie leise, wie sie, nach Wotans Worten «Laßt mich in Ruh!/Den Rest geb ich nicht», aus der Erdtiefe hervortaucht: «Mögen Sie lieber harte Eier oder weiche?» Darauf hat Erda zu singen («Die Hand mahnend gegen Wotan ausstreckend»): «Weiche, Wotan, weiche! Flieh des Ringes Fluch!»

Börse

«Die Börse ist wie eine Lawine», sagte der Bankdirektor, «mal geht sie runter, mal geht sie rauf!»

Ossi

Ein ‹Ossi› beschwert sich, nicht lange nach der Öffnung, in einem Westberliner Aldi-Geschäft über die lange Schlange vor der Kasse. Ein Türke dreht sich um: «Warum du motzen? Wir nicht haben gerufen dir!»

Aldi
Im Ruhrgebiet fragt jemand aus dem Auto heraus einen Türken: «Geht's hier nach Aldi?» Der Türke antwortet korrigierend: «Zu Aldi». Darauf der im Auto: «Wieso? Is schon halb sieben?»

Dialog In- und Ausländer
«Lernen Sie erst mal richtig deutsch!» – «Sie mir auch so verstanden!»

Ruhrgebiet
Dialog: «Daafdadat?» – «Jadatdaafda!» – «Datadadaaf!» («Darf der das?» – «Ja, das darf der!» – «Daß er das darf!»).

Deutlichkeit
Ruhrgebiet: «Du mußt deutlich nach der Schrift reden, Kind: Schokolarde!»

Intelligent
Ein Berliner Leutnant zu seinen vor ihm angetretenen, weithin akademisch gebildeten Rekruten: «Telljent wollense sein? Ich will Ihnen was sagen: intelljent sind Sie!»

Feiertage

Ein Rekrut, während des Kaiserreichs, entschuldigt sich für den nächsten Tag. Er müsse da fehlen. Er habe Immatrikulation. Der Leutnant grummelt: «Immer diese verdammten jüdischen Feiertage!»

Hydrant

Ein Leutnant kommandiert: «Stillgestanden!» Er ist etwas kurzsichtig und sagt in Richtung auf einen Hydranten, den er auch für einen Rekruten hält: «Das gilt auch für Sie dahinten!» Man sagt ihm: «Das ist ein Hydrant, Herr Leutnant.» Der aber tönt zurück: «Meine Anweisungen gelten auch für Akademiker!»

Frühlingsglaube

Uhlands vormals sehr bekanntes Gedicht «Frühlingsglaube» («Die linden Lüfte sind erwacht») endet mit diesen Versen: «Es blüht das fernste, tiefste Tal:/Nun, armes Herz, vergiß der Qual!/Nun muß sich alles, alles wenden!» Ein preußischer Offizier zum letzten Vers: «Das hätte der Dichter nun doch wirklich viel kürzer ausdrücken können. Ich hätte einfach gesagt: ‹Kehrt!›»

Bayrisch

«Es sprach der Scheich zum Emir:
Jetzt zahln wir, und dann gehn wir.
Da sprach der Emir zum Scheich:
Wir zahlen nicht und gehen lieber gleich.
Da sprach der Abdul Hamid:
Dös Tischtuch nemma a mit.«

Bethlehem

Ein schwäbisches Kind deutet in dem Lied «Ihr Kinderlein, kommet!» die Stelle «in Bethlehems Stall» als – «ein Bettle im Stall».

Owi

Ein Kind malt die Weihnachtsszene: Maria und Josef, die Krippe, das Kind, Ochs und Esel, zwei Hirten, dann, unmittelbar neben der Krippe stehend, einen kleinen Jungen. Man lobt die Zeichnung und fragt: «Und wer ist denn der kleine Junge neben der Krippe?» Das Kind antwortet: «Ja, das ist der Owi.» – «Der Owi?» – «Ja, das ist der Owi, der lacht.» – «Wie kommst du denn da drauf?» – «Ja, es heißt doch: ‹Holder Knabe, Owi lacht...›». Eine (schwächere) Variante hierzu: «Hol, der Knabe im lockigen Haar...»

Der Kämmerer aus dem Mohrenland

In der Apostelgeschichte, Kapitel 8, wird die Geschichte vom «Kämmerer aus dem Mohrenland», wie Luther übersetzt, erzählt, dem der Apostel Philippus den Propheten Jesaja erklärt. Hierzu die pietistische, auch in gewissem Sinn postmoderne Deutung. Der Bruder erklärt: «Der Kämmerer aus dem Mohrenland, ja, ja – kämmern sollt ihr euch um euer Seelenheil!» Bei Luther heißt die Stelle: «Und siehe, ein Mann aus Mohrenland, ein Kämmerer und Gewaltiger der Königin Kandaze in Mohrenland, welcher war über ihre ganze Schatzkammer...» In der sogenannten «Einheitsübersetzung» heißt es jetzt: «Nun war da ein Äthiopier, ein Kämmerer, Hofbeamter der Kandake, der Königin der Äthiopier, der ihren ganzen Schatz verwaltete...»

Anrede

«Meine lieben Gäste und Gästinnen!» (K. Valentin, Vereinsrede).

In der Sendlinger Straße

Karl Valentin: «Weil wir grad vom Aquarium redn, ich hab nämlich früher – nicht im Frühjahr – früher in der Sendlinger Straße gewohnt, nicht in der Sendlinger Straße, das wär ja lächerbar, *in* der Sendlinger Straße könnt man ja gar nicht wohnen, weil immer die Straßenbahn durchfährt, in den Häusern hab ich gwohnt in der Sendlinger Straße. Nicht in allen Häusern, in einem davon, in dem, das zwischen den andern so drin steckt, ich weiß net, ob Sie das Haus kennen. Und da wohn ich, aber nicht im ganzen Haus, sondern nur im ersten Stock, der ist unterm zweiten Stock und ober dem Parterre, so zwischen drin, und da geht in den zweiten Stock eine Stiege nauf, die geht schon wieder runter auch, die Stiege geht nicht nauf, wir gehn auf die Stiege nauf, man sagt halt so» (K. Valentin, Das Aquarium).

Die vielen Meier

«*Karlstadt*	Also, Herr Maier, Sie beginnen heute Ihre Tätigkeit in meinem Geschäft als Buchhalter.
Valentin	Jawohl, Herr Meier.
Karlstadt	Es ist natürlich wieder ein Verhängnis, daß Sie auch Maier heißen, genau wie ich.
Valentin	Jawohl, Herr Meier, aber ich schreibe mich Maier mit ai und Sie, Herr Meier, mit ei.
Karlstadt	Nun ja, aber wies der Kuckuck haben will, haben wir noch mehrere Meier in unserer

	Fabrik, und zwar mein Teilhaber, der heißt auch Meyer.
Valentin	Was Sie nicht sagen! Aha! Das ist natürlich tafal – fatal, das muß ja zu Verwechslungen führen.
Karlstadt	Nein, nein, Verwechslungen gibt es da nicht, denn der Teilhaber schreibt sich ja Meyer mit Ypsilon.
Valentin	Verzeihung! So, so, dann natürlich nicht.
Karlstadt	Dann haben wir noch einen weiteren Meier bei uns, und zwar den Hausmeister.
Valentin	So? Was Sie nicht sagen!
Karlstadt	Der heißt aber Gott sei Dank Meir.
Valentin	Meir! Aha!
Karlstadt	Also hinten ohne e.
Valentin	So? Nur vorne? Das ist natürlich kinderleicht, den und die andern Meier auseinanderzukennen.
Karlstadt	Na, das will ich nicht sagen! Der Hausmeister Meir muß nur sehr prägnant ausgesprochen werden.
Valentin	Aha! Natürlich Herr Meier, also Meirrr.»

(K. Valentin, Der neue Buchhalter).

Von Sinnen

«Direktor: ‹Was fällt Ihnen ein, hier im Theater mit einem Benzinmotor zu fliegen, sind Sie denn von Sinnen?› Flieger: ‹Nein von hier›» (K. Valentin, Sturzflüge im Zuschauerraum).

Angewiesen

Ein aufgebrachter Darsteller, der mit seiner Partnerin vom Direktor hinausgeworfen wird: «Wir lassen uns das nicht gefallen. Sie sind auf uns nicht angewiesen, aber wir auf Sie, das müssen Sie sich merken!» (K. Valentin, ebenda).

Semmelknödel

«*Karlstadt*	Und ausgerechnet Semmelknödel hat er sich bestellt, wo doch ich heute auch Semmelknödel gemacht habe.
Valentin	Was, dieselben?
Karlstadt	Ah, dieselben! Unsinn – andere hab ich halt gemacht, aber Semmelknödel sind Semmelknödel.
Valentin	deln
Karlstadt	Was deln?
Valentin	Semmelnknödeln heißt's.
Karlstadt	Ich hab ja g'sagt, Semmelknödel.
Valentin	Nein, Semmelknödeln.
Karlstadt	Nein, man sagt schon von jeher Semmelknödel.
Valentin	Ja zu *einem* – aber zu *mehreren* Semmelknödel sagt man Semmelnknödeln.
Karlstadt	Aber wie tät man denn zu einem Dutzend Semmelknödel sagen?
Valentin	Auch Semmelknödeln – Semmel ist die Einzahl, das mußt Ihnen merken, und Semmeln ist die Mehrzahl, das sind also mehrere einzelne zusammen. Die Semmelnknödeln werden aus Semmeln gemacht, also aus mehreren Semmeln... solang die Semmelnknödeln

aus mehreren Semmeln gemacht werden, sagt man unerbitterlich: Semmelknödeln» (K. Valentin, ‹Semmelknödel›).

Sprachsoziologie
«Kreszenz Hiagelgwimpft ist die Gattin eines hiesigen Großkaufmanns aus der goldenen Inflationszeit 1919 usw. – Lassen wir sie selbst reden: ‹Was moanans, wie schnell wir uns emporg'schwunga ham, – nix ham ma ghabt, i und mei Mo, – nix – als wia a kloans Kind. Aber mit Kleinem fängt man an und mit Großem hört man auf. Und heut hätt man so ziemlich alles, was unser Herz begehrt. Alles könn ma uns kaffa, beinand san ma, daß's zwischen der Burgoassi und uns koan Unterschied gibt. – Blos's Maü wenn ma aufmacha, dann san ma verlorn, dann hauts uns naus aus der Rolln, zwega der Haidhauser Grammatik›» (K. Valentin, Kreszens Hiagelgwimpft; Haidhausen – volkstümlicher Stadtteil von München).

Wissenschaftssprache
«Der Regen ist eine primöse Zersetzung luftähnlicher Mibrollen und Vibromen, deren Ursache bis heute noch nicht stixiert wurde. Schon in früheren Jahrhunderten wurden Versuche gemacht, Regenwasser durch Glydensäure zu zersetzen, um binocke Minilien zu erzeugen. Doch nur an der Nublition scheiterte der Versuch. Es ist interessant zu wissen, daß man noch nicht weiß, daß der große Regenwasserforscher Rembremerdeng das nicht gewußt hat» (K. Valentin, Der Regen).

Jugend
«Sie will sehr jung sein, is aber in ihrem Leben schon viel jünger gewesen als jetzt» (J. N. Nestroy).

Weibliche Vornamen
«Wer kann sich eine Klara anders als fromm vorstellen, eine Julie geistreich und etwas leichtsinnig, eine Auguste ernst und stolz, eine Amalie sanft und hingebend, eine Rosa kindlich, eine Anna wirtschaftlich, eine Louise sentimental, Marie ernst, schwermütig oder unglücklich» (J. N. Nestroy).

Ein dummes Mädl – sehr unfeministisch,
trotzdem sprachwitzig
«Meine Geliebte is ein dummes Mädl. Vielleicht is sie bloß aus diesem Grund meine Geliebte; wenn's g'scheit wär', schauet sie sich um was G'scheiters um, und drum find' ich es sehr g'scheit von ihr, daß sie ein dummes Mädl is. Bei ihr is die Dummheit eine Gabe der Natur, es liegt nix Gezwungenes, nix Einstudiertes drin, drum is es eine liebe Dummheit, und aus demselben Grund hat auch ihre Dummheit kein Geld gekost't, während auf andre Mädln Summen spendiert werd'n, damit man's nur recht sieht, was s' für dumme Mädln sind; sie spielen dumm Klavier, sie reden dumm Französisch, sie zeichnen, sie tanzen dumm, kurzum, alles Mögliche, was man von einem gebildeten Mädl nur Dummes verlangen kann. – Und in noch mancher andern Hinsicht ist der Mangel an Bildung recht gut, denn es gibt erstens nix Romantischeres als eine ungebildete Geliebte. Wenn der Urwald der Unwissenheit noch durch keine Axt der Kultur gelichtet, die Prärie der Geistesflachheit noch durch keine Ansiedlung von Wissenschaft

unterbrochen ist, wenn auf den starren Felsen der Albernheit die Gedanken wie Steinböck' herumhupfen und das Ganze von keiner augenblendenden Aufklärungssonne bestrahlt, sondern nur von dem Mondlicht der Liebe ein wenig bemagischt wird – das wird doch, hoff' ich, unbändig romantisch sein!» (zit. bei Joachim Kaiser, Vieles ist auf Erden zu thun, München 1991).

Schöne Nächte
«Die schönen Tage sind das Privileg der Reichen, aber die schönen Nächte sind das Monopol der Glücklichen» (J. N. Nestroy).

Sisyphus
Ein volkstümlicher und tüchtiger, aber etwas ungebildeter Basler Politiker trat in den Ruhestand. Es gab eine Abschiedsfeier. Danach beschwerte sich der Verabschiedete. Man sei wirklich sehr zurückhaltend gewesen in der Anerkennung seiner Leistung. Und man habe ihm auch noch unglaublicherweise eine peinliche Krankheit nachgesagt. Es stellte sich heraus, daß einer der Redner erklärt hatte, er habe «eine wahre Sisyphusarbeit» geleistet.

Etymologie 1
«Das Wort ‹prekär› bezeichnet heute eine mißliche Sache; dies verrät, wie wenig wir durch das Gebet erlangen, von dem dieses Wort sich ableitet» (A. de Rivarol, bei E. Jünger, Rivarol). *Prekär* von französisch *précaire*, dieses aus lateinisch *precarius*, wörtlich: auf Bitten, Gebeten beruhend.

Domaszewski

Erich Rothacker zitiert in seinen «Heiteren Erinnerungen» einen wunderschönen Satz des Althistorikers Domaszewski aus Heidelberg. Der Mann habe «in dem schwülstigen Stil des späten 19. Jahrhunderts eine römische Kaisergeschichte geschrieben». Daraus nun dieser Satz: «Als Antonius das Purpursegel der Geliebten entschwinden sah, da senkte sich die Nacht des Wahnsinns... über ihn nieder. Er vergaß Ehre und Pflicht, vergaß die Treue für die Tapferen, die um ihn kämpften und starben, den gellenden Hohn seiner Feinde, und folgte den Spuren des Weibes, deren Truggestalt ihn in den letzten Abgrund der Selbstvernichtung nach sich zog.»

Heidegger

«Das Fassende des Faßbaren ist die Nacht. Sie faßt, indem sie übernachtet. So gefaßt nachtet das Faß in der Nacht. Sein Wesen ist die Gefaßtheit in der Nacht. Was faßt – Was nachtet? Dasein nachtet fast. Übernächtig west es in der Umnachtung durch das Faß, so zwar, daß das Faßbare im Gefaßtwerden durch die Nacht das Anwesen des Fasses hütet. Die Nacht ist das Faß des Seins. Der Mensch ist der Wächter des Fasses. Dies ist seine Verfassung. Das Fassende des Fasses aber ist die Leere. Nicht das Faß faßt die Leere – und nicht die Leere das Faß; sie fügen einander wechselweise in ihr Faßbares. Im Erscheinen des Fasses als solchem aber bleibt das Faß selbst aus. Es hat sein Bleibendes in der Nacht. Die Nacht übergießt das Faß mit seinem Bleiben. Aus dem Geschenk dieses Gusses west die Faßnacht. Es ist unfaßbar.» Diese Parodie auf Martin Heidegger wurde 1954 in Freiburg in der (lokalen) Zeitschrift «Flecklehäs» veröffentlicht. Dort wurde sie einem «Denker» Maxim Feldweger zugeschrieben.

Spirituell

Ein rumänischer Metropolit auf Besuch in Deutschland erkundigt sich nach Eugen Drewermann: «Erstens ist richtig, daß hat viel Erfolg er, und zweitens *warum* hat Erfolg er?» Der Gefragte sagt: «Ja, er hat einen sehr großen Erfolg, nicht nur bei Frauen, aber doch ganz besonders bei Frauen.» Er versucht dann darzulegen, daß dieser Erfolg wohl vorwiegend psychologisch motiviert sei. Darauf der Metropolit abschließend: «Psychologisch nicht gutt, muß sein spirituell!»

Kohl (unbewußt)
«Entscheidend ist, was hinten rauskommt.»

Befruchtung

Helmut Kohl als Bundeskanzler in Japan bei der Eröffnung des Goethe-Instituts in Kyoto. Er wollte zum Ausdruck bringen, daß man sich gegenseitig befruchten solle, die Deutschen die Japaner und die Japaner die Deutschen. Er sagte es so: «Befruchtung ist keine Einbahnstraße.»

Vogel
Jemand fragt beim Hineingehen in ein Haus einen Mann, der am Eingang steht: «Wohnt hier ein gewisser Vogel?» Er erhält zur Antwort: «Jawohl, im dritten Stock; er heißt Fink.»

Nicht empfindlich
Ein Tübinger Gymnasialprofessor, der auch an der Universität Lateinunterricht erteilte, pflegte zu sagen, wenn man ihn

mit «Herr Gymnasialprofessor» anredete: «Ach, wisset Se, des ‹Gymnasial› könnet Se ruhig weglassa, i ben do net empfindlich.»

Journalisten

Ein noch nicht sehr welterfahrener Kardinal wird in heikler Mission vom Vatikan aus nach New York geschickt. Vor der Abreise warnt man ihn eindringlich insbesondere vor den Journalisten. Er könne da nicht vorsichtig genug sein. Sobald er nun das Flugzeug verläßt, findet er sich von Journalisten umringt. Er gibt diplomatisch Auskunft. Da fragt ihn einer, ob er die Absicht habe, auch Nachtlokale in New York zu besuchen. Der Kardinal fragt weltmännisch ironisch, den Ahnungslosen spielend, zurück: «Ja, gibt es hier denn Nachtlokale?» Am folgenden Tag ist die Schlagzeile zu lesen: «Erste Frage des Kardinals auf amerikanischem Boden ...»

Haben

Anweisung eines Pedells in Heidelberg an einen Studenten: «Sie hawwe mitzuhawwe, was Sie hawwe, Sie hawwe zu hawwe, was Sie zu hawwe hawwe.»

Buchstaben

«Das M wird sich dem N immer überlegen fühlen», «Das X ist der Klappstuhl des Alphabets», «Mit dem O gähnt das Alphabet» (R. Gómez de la Serna, Greguerías).

Malapropismen

Eine glänzende Vertreterin für diese Art von Fehlern – falsche Verwendung von Fremdwörtern und Vermischungen (Kontaminationen) solcher Wörter – ist Frau Karoline Stöhr aus Cannstatt in Thomas Manns «Zauberberg». Der Erzähler hebt ihre «namenlosen Bildungsschnitzer» mehrfach entsetzt hervor: «sie schändete ihre Krankheit durch namenlose Bildungsschnitzer.» Sie sagt «desinfiszieren», vermischt also «infizieren» und «konfiszieren», dann «Sterilett» statt «Stilett», also Vermischung mit «steril»; am Grabe Joachim Ziemssens solle, sagt sie, die «Erotika» gespielt werden (also statt «Eroica»). Sie spricht Fremdwörter falsch aus: «Sie sagte ‹Agonje› statt ‹Todeskampf›; ‹insolvent›, wenn sie jemandem Frechheit zum Vorwurf machte, und gab über die astronomischen Vorgänge, die eine Sonnenfinsternis zeitigen, den greulichsten Unsinn zum besten. Mit den liegenden Schneemassen, sagte sie, sei es ‹eine wahre Kapazität›; und eines Tages setzte sie Herrn Settembrini in lang andauerndes Erstaunen durch die Mitteilung, sie lese zur Zeit ein der Anstaltsbibliothek entnommenes Buch, das ihn angehe, nämlich ‹Benedetto Cenelli in der Übersetzung von Schiller›!» Bei letzterem handelt es sich (der Erzähler erklärt es nicht) um die Autobiographie des Bildhauers Benvenuto Cellini, die Goethe übersetzt hat. Dann verwechselt sie klassisches Bildungsgut: ‹Tantalus› statt ‹Sisyphus›. «Ihr Kranksein, der Fieberstand ihres Körpers, war mit großer Unbildung verbunden, gewiß. Noch kürzlich hatte sie bei Tische von der ‹Affektation› ihrer Lungenspitzen gesprochen und, als das Gespräch auf historische Dinge gekommen war, erklärt, Geschichtszahlen seien nun einmal ihr ‹Ring des Polykrates›, was ebenfalls eine gewisse Erstarrung der Umsitzenden hervorgerufen hatte.»

Fremdwörter

Eine Figur bei Hofmannsthal über eine andere: «Ja, mit den Fremdwörtern hätt' er sich a bisserl menagiern können!».

Picadilly Circus

Als Gilbert K. Chesterton eines späten Abends die vielfarbigen, beweglichen Leuchtschriften am Picadilly Circus betrachtete, sagte er: «Wie schade, daß man lesen kann!»

S. J.

Die Abkürzung S. J. hinter einem Eigennamen bedeutet bekanntlich, daß der Betreffende Mitglied der «Gesellschaft Jesu», «Societas Jesu», ist. Also ein Jesuit. Da die Bücher von Autoren, hinter deren Namen dies Zeichen steht, oft substantiell und jedenfalls immer klar geschrieben sind, lösen manche, nicht ganz zu Unrecht, diese Abkürzung auch auf mit «Sehr jut».

Wir

Ein Arzt begrüßt seinen Patienten: «Ja, wie geht's uns denn? Und was macht unser Fuß? Ach ja, ich befürchte, daß wir mit dem noch einige Zeit Ärger haben werden. Haben wir die Medizin denn auch regelmäßig eingenommen?» Der Patient: «Ich glaube, wir sollten mal den Arzt wechseln.»

Wien

Fragt man in Wien einen Jungen, ob er masturbiere, antwortet er sogleich: «O na, nie!» (schon bei S. Freud).

Analphabet

Frage an Radio Eriwan seinerzeit, ob ein Analphabet Mitglied der sowjetischen Akademie werden könne. Die Antwort: «Im Prinzip ja. Allerdings nicht korrespondierendes Mitglied.»

Postlagernd

Ein Wiener möchte auf der Post einen erwarteten postlagernden Brief abholen. Der Beamte fragt: «Poste restante?» Darauf der Wiener erschrocken: «Nein, nein, katholisch.»

Entbunden

Aus einem Gerichtsprotokoll: «Die Zeugin, die beim letzten Termin wegen unmittelbar bevorstehender Niederkunft nicht erscheinen konnte, hat inzwischen entbunden und kann wieder geladen werden.»

Niesen

Definition des Niesens: Orgasmus des kleinen Mannes.

Hexameter, Pentameter

Alter Tübinger Vers: «Im Hexameter steigt der Studio auf die Laterne,/Im Pentameter drauf holt ihn der Schutzmann herab.» (nach Schillers Distichon: «Im Hexameter steigt des Springquells flüssige Säule,/Im Pentameter drauf fällt sie melodisch herab»).

Infallibilität

Karl Joseph von Hefele war ein bedeutender Kirchenhistoriker; sein Gebiet war die Geschichte der Konzilien. Er war Theologieprofessor in Tübingen und seit 1869 Bischof von Rottenburg. Auf dem Ersten Vatikanischen Konzil (1869/1870) war er ein entschiedener Gegner der Lehre von der Unfehlbarkeit (Infallibilität) des Papstes, die hier festgelegt werden sollte und dann auch tatsächlich beschlossen wurde. Übrigens unterwarf sich Hefele schließlich. Als einmal die Straße in Rottenburg im Winter vereist war, sagte ihm beim Hinausgehen sein Kirchendiener: «Passet Se auf, Herr Bischof, kommet Se, i halt Sie fest: es ist wegen der Hinfallibilität!»

Vergebliche Hilfe
Ein Schulinspektor besuchte einst im östlichen Deutschland, lange vor dem letzten Krieg, eine Schule. Der Lehrer gibt sich alle Mühe. Er fragt einen Schüler nach der Grafschaft Glatz. Der Schüler kommt nicht auf den Namen. Der freundliche Schulrat will ihm, hinter dem Rücken des Lehrers, helfen und zeigt auf seine Glatze. Der Schüler strahlt und antwortet: «Die Lausitz.»

Nero
Der alte Theologieprofessor in seiner Vorlesung über das Neue Testament: «Paulus, meine Herren, ist der Nero des Neuen Testaments...» Lebhaftes Scharren, wie es früher unter Studenten üblich war, antwortet diesem eigentümlichen Satz. Der Professor insistiert, erneut in sein Manuskript blickend: «Doch, meine Herren, ich muß darauf bestehen: Paulus ist der Nero des Neuen Testaments.» Die folgende Stunde beginnt der Professor dann mit dem Hinweis: «Meine Herren, wissenschaftliche Redlichkeit gebietet mir, das in der letzten Stunde Vorgetragene zu berichten: Paulus ist der Nerv des Neuen Testaments.»

Spiegel

Adenauer seinerzeit über «ein Hamburger Nachrichtenmagazin»: «Der Spiegel, dat is ja nich jerade für Lieschen Müller, dat is sozusajen für Dr. Lieschen Müller.»

Pariser

Ein Lehrjunge erhält vom Direktor den Auftrag, ihm rasch einige «Pariser» zu besorgen. Nach einiger Zeit kommt er mit einer relativ großen Schachtel zurück. Der Direktor fragt: «Um Gottes willen! Was soll denn die Riesenschachtel? Wieviele hast du denn gekauft?» Der Junge antwortet: «Ja, es waren keine Pariser mehr da, da habe ich halt Berliner genommen!»

Elch

Kommentar zu Ikea: «Laß diesen Elch an mir vorüber gehen.»

Blondine

Ein Japaner geht in Deutschland in eine Bäckerei und kommt mit einer Blondine am Arm wieder heraus. Wie ist dies zu erklären? Antwort: er hatte ‹ein Blödchen› verlangt. Eine Variante hierzu: ‹ein Lockenblödchen› (Roggenbrötchen).

Gern

Die Verkäuferin in dem Keramikgeschäft zu dem Herrn, der sich für die Krüge interessiert, die ziemlich oben im Regal stehen: «Ich hole Ihnen gern einen runter!»

Rom 1

Antwort auf die Frage an jemanden, der davon berichtet hatte, daß er schon mehrmals in Italien war, ob er auch schon in Rom gewesen sei: «In Rom persönlich nicht.»

Alt-Österreich

Der Corpsadjutant meldet dem General: «Für die Manöver sind uns drei neue Attachés zugewiesen worden» – «Was sans für Leut?» fragt der General. «Ein Tschech, ein Ungar und ein Chines» – «Könnens Deutsch?» – «Der Chines ja.»

Schlachten

Gespräch in einem Königsberger Hotel in der Inflationszeit: «Mir kennen Se nischt vormachen. Ich bin en anjesehener Mann, ich habe den janzen Krieg an die Heeresverwaltung Spack jeliefert!» Darauf der andere (ein pensionierter General): «Was heißt das? Ich habe Schlachten geliefert!» – «Mäinen Se etwa, ich hätte juten jeliefert?»

Post

Ein Pfarrer wird aufgefordert, seine Predigten etwas lebendiger zu gestalten. Er beginnt seine nächste Predigt so: «Trara, trara, die Post ist da! Was bringt sie uns denn? Einen Brief vom Apostel Paulus. Also wollen wir ihn lesen!»

Freie Rede

Bei dem Staatsbesuch de Gaulles in der Sowjetunion, als Chruschtschew Generalsekretär war, traten beide nacheinander mit kurzen Ansprachen im Fernsehen auf. Chruschtschew verlas seine Ansprache. De Gaulle sprach auch bei dieser Gelegenheit, wie er es meistens tat, frei. Er lernte kürzere Texte, auch in fremden Sprachen, einfach auswendig und trug sie mit imposanter Gestik und Mimik vor. Danach sagten die Russen: «Also, das muß man sagen, das ist ja ein hervorragender Redner, dieser de Gaulle; wirklich, sehr beeindruckend. Nur schade, daß er nicht lesen kann!»

Entmythologisierung
Herbert Schöffler berichtet von einem ostpreußischen Pastor: «Sehen Sie», sagt der Mann, «wir haben den ganz klaren Text. Wie der Hirrsch schräiet nach frischem Wasser, so schräiet mäine Seele, Gott, zu Dir. Das ist vom Gottesmann Martinus Luther. Nun kommt diese jämmerliche Textkritik. Sie wäist villäicht errstens nach, daß es äinen Hirrsch wahrschähnlich nie jejeben hat im Häilijen Lande, und daß an dieser Stelle der kläine, fast schwanzlose Klippschlieferdachs jemäint ist; der schräit nicht, der winselt. Und von Wasser ist wahrschähnlich auch nicht die Rede in diesem zwäiundvirrzichsten Psalm, der Ausdruck in diesem Verse bedeutet villäicht nach den neuesten Forrschungen denaturiertes Naphta oder so etwas; – ‹schräit mäine Seele zu Dir› ist dann villäicht äine ganz oberflächliche, in der Aeile nach der Vulgata anjefertichte Übersetzung Luthers, und so häißt die ganze Stelle plötzlich äijentlich und ganz jenau: ‹Wie der Klippschlieferdachs winselt nach denaturiertem Naphta, so sticht mäine Milz nach Dir.› ‹Großer Gott nochmal, was fange ich vor äiner livländischen Landjemäinde mit solcher Exegese an?›»

Gott
Ein ostpreußischer Gutsbesitzer verabschiedet, vor der Kutsche stehend, seine Gäste: «Wenn der Wajen nicht so voll wäre, würd' ich sagen ‹Gott mit euch!›»

Rezeptionsästhetik
«Wie soll ich dich empfangen...» (Choral von Paul Gerhardt, 1653).

Psychoanalyse
«Geh aus, mein Herz, und suche Freud...» (Choral von Paul Gerhardt, 1653).

Rotarier
Eine mögliche Definition: sozialistischer Nichtjude.

Schwaben und Franken
Die Bayern im engeren Sinn haben (außerhalb Bayerns nicht immer bekannt) ein Problem erstens mit den «Schwaben», die im Westen ihres Landes wohnen, zweitens mit den Franken, die im Norden Bayerns sind. Nach dem ersten Weltkrieg, als die Nahrungsmittel sehr knapp waren, wurde eine große Lieferung Brot nach München getätigt. Sie war für die «Schwachen und Kranken» bestimmt. Der Redakteur einer Münchener Zeitung fand als Überschrift der Meldung im Manuskript vor: «Alles Brot den Schwachen und Franken». Er schrieb an den Rand, dick unterstreichend: «Verbessern!!». Am nächsten Morgen stand in der Zeitung zur hellen Empörung der Münchener: «Alles Brot den Schwaben und Franken».

Frustration

Die Verdeutschung von «Frustration» auf Schwäbisch – schwäbisch, weil sie da expressiver ist als ‹hochdeutsch› –: Luschtverluscht.

Tübingen 1

Ein Polizist, der sich über das unmäßig laute und alberne Treiben von Studenten in einer Gaststätte geärgert hatte, rief, sich an der Tür noch einmal umdrehend, in den Saal hinein: «Ond so Leit werdet später Vorschtend von verschiedne Sacha!»

Bei einer anderen Gelegenheit, als es wirklich zu grobem Unfug gekommen war, sagte er: «So, Herr Maier, jetzt muß ich Sie um Ihren Namen bitten!».

Ein Pedell (Hausmeister) der Universität hatte oben im Hauptgebäude eine Dienstwohnung. Eines seiner Zimmer pflegte er, an Studenten zu vermieten. Die Annonce im «Schwäbischen Tagblatt» soll gelautet haben: «Zimmer an Studenten zu vermieten. Universität im Hause».

Oberpedell Günther, Ende der fünfziger Jahre, berichtete, sein Vorgänger sei noch mit zwei Leitz-Ordnern ausgekommen. Auf dem einen sei «Verschiedenes» gestanden, auf dem anderen «Allgemeines».

Tübingen 2

Dort gehört: «Wisset Se was? Sie solltet sich amol behandla lassa von ema gueta Psychopatha!»

nat. et phil.

Tübingen. Ein Sohn fragt seinen Vater, was «stud. nat. et phil.» heiße. Der Vater erklärt: «Des isch doch ganz oifach, du Sempl, des hoißt: studiert natirle et viel».

Weniger

Im Schwäbischen sagt man ungern, daß man irgendwo noch nicht war. Man pflegt in solchen Fällen zu sagen: «Da war ich weniger» oder noch typischer «Da komm' i etzt weniger na». Praktisch, pragmatisch ist damit immer gemeint: da war ich noch nie. Somit: «In London war ich weniger.»

Ordentlich – Außerordentlich

Klassische Anrede in einer Tübinger Studentenverbindung bei Veranstaltungen, zu denen – was ausnahmsweise geschah – Professoren geladen wurden: «Ordentlich verehrte außerordentliche Professoren und außerordentlich verehrte ordentliche Professoren!».

Professoren

Zum Unterschied zwischen «ordentlichen» und «außerordentlichen» Professoren: die ordentlichen leisten nichts Außerordentliches und die außerordentlichen nichts Ordentliches.

Partizipien

Im alten Württemberg gab es vormals das sogenannte «Landexamen», eine Konkursprüfung (eigentlich französischen Typs), an der Schüler aus dem ganzen Land teilnehmen konnten, wobei dann nur die Besten Aufnahme fanden in die (kostenlosen) Seminare in Schöntal, Urach, Blaubeuren und Maulbronn. Aus ganz Württemberg reisten also Schüler an einem bestimmten Tag zum «Landexamen» nach Stuttgart. Natürlich war dabei das Latein besonders wichtig. Ein Lehrer, der seine Prüflinge zum Bahnhof gebracht und dann in den Zug gesetzt hatte, riß vor der Abfahrt die Abteiltüren noch einmal auf und rief hinein: «Ond machet au Partizipia!»

Schwäbisch
Ein schwäbischer Lehrer zu einem Schüler, der anstelle des schriftdeutschen *sagt* das dialektale *secht* benutzt hatte: «Mr sagt net ‹er secht›, mr secht ‹er sagt›!»

Häberle und Pfleiderer
Häberle: «Wisset'se der Meier, gegen den hab i was. Der hat scheint's gsagt, i sei a Rindvieh.» Pfleiderer: «Ha, des brauchet'se doch net ernscht nehma. Der hot doch koi eigne Meinong. Der schwätzt halt nach, was de andre saget.»

Spaghetti
Auf der Speisekarte eines Tübinger Lokals: «Spaghetti Polonaise.»

Übersetzung
Ein Schweizer kommt rund zwanzig Minuten nach der Abfahrt von Zürich mit einem Norddeutschen ins Gespräch. «Send Sie z'Züri gsi?» fragt er ihn. Der Norddeutsche lächelt verständnislos: «Wie bitte?» Ein Stuttgarter, der auch im

Abteil ist, kommt ihm zu Hilfe und erläutert: «Er moint ‹gwä›.»

Merci
Ein Deutschschweizer über einen Französischschweizer: «Und ‹merci› war's einzige schweizerdeutsche Wort, wo er kennt het!»

Französisch
«Ton si tu fils avec, si laquelle si d'ami cher.» Dies ist französisch transkribiertes Bayerisch: «Ton Sie die Fiass aweg, Sie Lackel, Sie damischer!»

Nächste Station
Sachsen gelten sehr zu recht als gesprächsfreudig. Ein Sachse betritt höflich grüßend ein Abteil in der Bahn. Nach einigen Minuten wendet er sich an die drei Mitreisenden: «Ich bitte um Verzeihung, daß ich kein Gespräch beginne. Aber ich steige an der nächsten Station wieder aus.»

Gorgonzola 1
Emile Zola hatte einen jüngeren Bruder, der auch recht bedeutend war und zu Unrecht heute oft vergessen wird: Gorgon Zola.

Dankward
In Dresden auf dem Standesamt fragt der Beamte, wie das neugeborene Söhnchen denn heißen soll. «Dankward» wird ihm

geantwortet. Darauf er: «Nu, Berufsbezeichnungen sind als Vornamen nicht gestattet.»

Sächsisches Alphabet

Ein sächsischer Vater erzählt: «Mer habbe siebe Gindä, lauter Jungs; wir habbe se konseguent nachem Olphobet geheiße. Den erste habe mer Arnscht geheiße, de zweide Beder, de dridde Cacharias und de vierde Deodor, dann kam de Edipus und de Filipp, und dann beim siebde, jo, do habbe mer en Fehler gemacht, den habbe mer Gindä geheiße, und wenn mer jetzt rufe ‹Gindä›, dann komme se alle, egal wech.»

Direkter Löwe

Zur diplomatisch vermittelnden Art der Sachsen. In einem Dresdener Geschäft für Stofftiere sucht ein Kunde einen Löwen für seinen kleinen Neffen. Die Verkäuferin bringt einen Jaguar. Er wird zurückgewiesen. Dann bringt sie einen Leoparden. «Das ist auch kein Löwe» wird ihr gesagt. Endlich bringt sie einen Bernhardinerhund. «Das ist doch auch kein Löwe!» Darauf sie konzedierend: «Nu, e direkter Lewe is es ja nich.»

Sächsisches Zweideutigkeit

«Rächn wärmer kriechen» – ein zweideutiger, sächsisch gesprochener deutscher Satz, also zwei verschiedene Sätze: «Regenwürmer kriechen» oder «Regen werden wir kriegen». Hierher gehört auch die Frage in einem Restaurant: «Kann mer hier Rum griechen?» und die Antwort: «Hier wird nicht rumgegrochen».

Dialekt

Ein Sachse, als es um deutsche Dialekte ging: «Is bloß gut, daß mir Sockse geen Diolekt hom.»

Gorgonzola 2

In einem sächsischen Restaurant soll man keinen Gorgonzola bestellen, weil man nämlich dann Gurkensalat erhält.

Rehbock

Ein Jäger im Schwarzwald schießt einen Wanderer an. Wie er vor dem Zusammengebrochenen steht, murmelt er zu seinen Begleitern: «Aber 'sisch doch ‹Reebok› druf gschtanda!»

Ostfriesland

Warum es mit Fotoarbeiten immer so lang geht in Ostfriesland? Antwort: Weil sie ihre Filme immer in Entwicklungsländer schicken.

Gradenwitz

Ein berühmtes, nach Erich Rothacker das berühmteste Heidelberger Original der zwanziger Jahre, der Römischrechtler Otto Gradenwitz, ein Schüler Mommsens, stellte einmal den Juristen Richard Thoma, den «Gatten einer sehr beliebten und temperamentvollen Frau», Thomas Mann vor, indem er sagte: «Frau Thoma's Mann – Herr Thomas Mann.»

Um die Ecke
Zu Beginn der Nazi-Zeit bat Otto Gradenwitz nachts beim Nachhauseweg zwei Studenten, die ihm sehr national vorkamen, ihn ein Stück zu begleiten. Er sei schlecht zu Fuß. Nachdem sie um die nächste Ecke gegangen waren, entließ er seine Begleiter und sagte: «So, meine Herren, nun können Sie sagen, Sie hätten einen alten Juden um die Ecke gebracht!»

Scholem
Gershom Scholem, der große israelische Gelehrte aus Berlin, der fromm und Zionist wurde und 1923 Deutschland verließ, wurde spät, 1981 im Wissenschaftskolleg zu Berlin, darauf angesprochen, man habe gehört, er spreche das Hebräische (Iwrit) auf Berlinerische Weise aus. Er entgegnete: «Mein Jott, de anderen sprechen det alle russisch aus, und det is doch mindestens jenauso falsch.»

Rangierbahnhof
Berlin: «Ik hau dir vor den Rangierbahnhof, daß dir sämtliche Jesichtszüje entjleisen!»

Lohengrin
Ein Berliner mit seiner Frau im «Lohengrin». Bei der berühmten Stelle «Nie sollst du mich befragen...» stößt er seine Frau an und sagt: «*Mich* is juut!»

Großvater
Gespräch in Köln: «Wat mäht dä Jrossvatter?». Antwort: «Dä Jrossvatter ess dat Zeitlische am Sechnen.»

Brief an Hitler

Über den Schweizer Bundesrat Minger kursieren viele Anekdoten. Mingers Bundespräsidentenzeit (Bundesräte werden im Turnus auch Bundespräsidenten) fiel in die Zeit Hitlers. Eines Tages schrieb er diesem einen Brief. Nachdem er ihn abgeschickt hatte, zeigte er die Kopie einem Freund. Er wollte dessen Meinung wissen. Der Freund las und sagte: «Ja, das ist ein sehr guter Brief, Minger, bloß also ‹Schoofseckel› schreibt man mit ck und nicht mit zwei g.»

Veuve Cliquot

«Wie lieb und lustig perlt die Blase
Der Witwe Klicko in dem Glase«
(W. Busch, Die fromme Helene, Neuntes Capitel).

Idee

Die Rekruten sind vor dem Leutnant angetreten. Er mustert aufmerksam ihre Haltung. Vor einem, den er kennt, bleibt er stehen und sagt: «Sie studieren doch Philosophie. Dann können Sie uns sicher erklären, was eine Idee ist.» Darauf der Student: «Zu Befehl, Herr Leutnant!» Er setzt dann historisch ganz richtig bei Platon an, geht über zu Plotin und erklärt den schwierigen Begriff bis hin zu Kant. «So, so, sehr schön», sagt der Leutnant. «Dann rücken Sie mal Ihre Mütze 'ne Idee nach links!»

Polizisten

Warum Polizisten immer zu zweit gehen? In Rumänien gab es darauf unter Ceauşescu zwei Antworten: der eine kann lesen, der andere kann schreiben; oder: der eine kann lesen und schreiben, und der andere muß diesen Intellektuellen überwachen.

Bleiben Sie gesund

Ein sympathischer Koreaner, der in Freiburg studiert hatte, schrieb zum Neujahr aus Seoul seinem früheren Lehrer und beendete den Brief mit dem Satz: «Bleiben Sie gesund, bis ich mich wieder melde!»

Ausdauernd sinnlich

Im Flugzeug in den Vereinigten Staaten kommt ein Mann ins Gespräch mit einer attraktiven, etwas exaltierten Frau. Sie erklärt, sie glaube zu wissen, daß die Juden am sinnlichsten seien in der Liebe und die Indianer am ausdauerndsten. Nach einigen Sätzen unterbricht sie ihr Gesprächspartner: «Übrigens möchte ich mich noch vorstellen: Winnetou Goldstein.»

Bescheidenheit

Dem Bankier Fürstenberg wird ein junger Mann von dessen Onkel empfohlen: Der Neffe sei sehr ordentlich und bescheiden. Fürstenberg fragte: «Bescheiden auf was?»

Silber

«Wie gewinnt man auf die billigste Art Silber? Man begibt sich in eine Allee, in der Silberpappeln stehen, gebietet Schweigen, dann hört das ‹Pappeln› (Schwätzen) auf, und das Silber wird frei» (S. Freud, Die Traumdeutung, Kap. VI).

Angina

Jemand entschuldigt sich telegraphisch für sein Fernbleiben: «Kann nicht kommen, liege mit Angina im Bett.» Er erhält zur Antwort: «Laß sie liegen und komm!»

Wörter

Polonius: «What do you read, my lord?» – Hamlet: «Words, words, words» (Shakespeare, Hamlet, II, 2) – eine sozusagen linguistische oder textlinguistische Antwort, weshalb sich Polonius auch nicht mit ihr zufriedengibt und zurückfragt: «What is the matter, my lord?», «Um was geht es, my lord?»

Brischit

Auf die Frage, welches der schönste Tag ihres Lebens gewesen sei, antwortete einst Brigitte Bardot: «Eine Nacht.»

Marylin

«Das einzige, was ich an hatte», berichtete Marylin Monroe, »war das Radio.»

licht war/sichtbar

«Voll von Freunden war mir die Welt,
Als noch mein Leben licht war;
Nun, da der Nebel fällt,
Ist keiner mehr sichtbar«
(Hermann Hesse, aus dem Gedicht «Im Nebel»).

Vietnam 1
Frage an einen Schwaben: «Kennst du die Hauptstadt von Vietnam?». Die Antwort: «Ha noi!»

Vietnam 2
Ruhrgebiet: «Wissen Sie, wie et nam Bahnhof geht?»

Japanisch
Berlin: Icke? – Bana!

Schakal
«Schakalfööss»: auf Kölnisch «Ich habe kalte Füße».

Gänsefleisch
Vormals zur Zeit der DDR die berühmte sächsische (als Aufforderung gemeinte) Frage: «Gän Se vleisch mal'n Gofferraum aufmach'n?»

Verkehrsminister
Name des chinesischen Verkehrsministers: Um Lai Tung; und «Bergsteiger» chinesisch: Hing am Hang.

Türkisch
Wie heißt der Chefkoch der türkischen Botschaft? Antwort: Is mir schlecht.

Italienisch
Schnellkochtopf auf Italienisch: Garibaldi; und kleine Dirne: Nutella.

Fast food
Fast food auf Italienisch: Frescobaldi.

Arabisch
Was heißt auf Arabisch Glatze? – Dawaramalhaarda. Und Photograph? – Allemalacha.

Irak
Motto der Bäcker-Innung im Irak: – Back dat!

Ägyptisch
Was heißt auf Ägyptisch Kuhstall? – Mubarak.

Schwedisch
Milchstraße – Sahnebahne; Astronautenkost – Nasa Wasa; Domina – Böse Möse; Heiratsantrag – Görebeswöre.

Islam
Aus einem Etablissement in Wien rufen zwei Mädchen einem Vorübergehenden zu: «Komm eini!». Der Angerufene erwidert: «Nix, is lahm!»

Altgriechisch

Ohne Unterbrechung zu sprechen: Mähn Äbte Heu? Äbte mähn nie Heu, Mägde mähn Heu!

Marcellus Stengel und Pastor Hirte

Marcellus Stengel, Lehrer von Thomas und Christian Buddenbrook. Er «war ein witziger Kopf, der philosophische Unterscheidungen liebte, wie etwa: ‹Du sollst 'ne Linie machen, mein gutes Kind, und was machst du? Du machst 'nen Strich!› – Er sagte ‹Line› statt ‹Linie›. Oder zu einem Faulen: ‹Du sitzest in Quarta nicht Jahre, will ich dir sagen, sondern Jahren!› – Wobei er ‹Quäta› statt ‹Quarta› sagte und nicht ‹Jahre›, sondern beinahe ‹Schahre› aussprach...» Ein anderer Lehrer war «ein ehemaliger Prediger, der im Lateinischen unterrichtete, ein gewisser Pastor Hirte, ein langer Herr mit braunem Backenbart und munteren Augen, dessen Lebensglück geradezu in dieser Übereinstimmung seines Namens mit seinem Titel bestand, und der nicht oft genug die Vokabel *pastor* sich übersetzen lassen konnte. Seine Lieblingsredensart lautete ‹grenzenlos borniert!› Und es ist niemals aufgeklärt worden, ob dies ein bewußter Scherz war» (Th. Mann, Buddenbrooks, 2. Teil, 3. Kapitel).

Zölibat

Während der Kaiserzeit lernt ein Major anläßlich eines Manövers den katholischen Ortsgeistlichen kennen und findet ihn sympathisch. Es ist der erste katholische Pfarrer, der ihm begegnet. Das Manöver soll mit einem großen Ball abgeschlossen werden. Zu ihm werden die Damen des Orts eingeladen. Der Major lädt auch den netten Pfarrer ein: «Es würde uns sehr freuen, Herr Pfarrer, wenn Sie mit dabei wären. Und bringen Sie doch bitte auch Ihre Frau Gemahlin mit». – «Aber, Herr Major, wir haben doch den Zölibat.» – «Ach so, ja gut, dann bringen Sie doch den Kleinen einfach mit!»

Die Rose

Ein Philologie-Professor trieb es in einer Kleinstadtuniversität so wild, daß er, trotz des Wohlwollens von Rektor und Minister, schließlich doch pensioniert wurde. Ein guter Freund schrieb ihm: «Ja, was ist denn los?» Er antwortete mit schönem Reim:

> «Du fragst ja auch nicht die Rose,
> warumse, weshalbse, wiesose.»

Variante: «Fragense die Lilie, die Rose,
warumse, weshalbse, wiesose».

Glatze

Eine Glatze galt früher offensichtlich als Zeichen für fröhliches oder gar ausschweifendes Leben. Damals hieß es: «Das Leben genossen zu haben, bescheinigt Obiger». Und dabei zeigte man auf die Oberseite des Kopfs.

Im Nonnenkloster

Ein aus Deutschland geflohener Jude noch ohne neue Beschäftigung findet Aufnahme in einem Nonnenkloster in England. Man nimmt ihn zur Probe auf; er soll als Gärtner arbeiten. Nach zwei Wochen fragt er, ob er bleiben dürfe. Die zuständige Schwester teilt ihm mit: «Ja, Sie dürfen bleiben. Nur sollten Sie sich ihre Hände nicht im Weihwasserkessel waschen, und ihre Zigarette sollten Sie sich bitte nicht am ewigen Licht anstecken. Und außerdem sollten Sie zu unserer ‹Mother Superior› nicht ‹mother Shapiro› sagen.»

Zitate
Der Stilkritiker Ludwig Reiners meinte, daß einem Leute, die ständig Klassisches zitieren, schon auf die Nerven gehen könnten. Wenn jemand Bauchschmerzen habe, brauche er nicht gleich mit Philipp im «Don Carlos» zu sagen: «Der Aufruhr tobt in meinen Niederlanden.»

Marx/Engels
Reklameaufschrift einer Fahrradwerkstätte in Kreuzberg: «Sie haben nichts zu verlieren als ihre Ketten!»

Einerlei
In einer Bar in Chicago schlägt einer der nicht wenigen sehr national denkenden Juden einen Chinesen: «Pearl Harbour!» schreit er dabei. Der Chinese kleinlaut: «Aber das waren doch die Japaner...» Darauf der Jude: «Ach, Chinesen, Japaner, das ist doch alles einerlei: alles Asiaten!» Der Chinese besinnt sich, nimmt sich zusammen und haut schließlich dem Juden eine runter, indem er ruft «Titanic!» Darauf der verdutzte Jude: «Aber das war doch der Eisberg!» «Ach was», sagt der Chinese, «Eisberg, Rosenberg – alles einerlei!»

Sozialarbeiter
Ein Sozialarbeiter wird von einem Jugendlichen auf der Straße angesprochen: «Wie komm ich hier zum Bahnhof?» Er ant-

wortet: «Du, das weiß ich auch nicht, aber ich find's echt gut, daß du die Frage mal aufwirfst.» Einen Tag später fragt ihn jemand, der dabei war: «Weißt du jetzt, wo der Bahnhof ist?» – «Nein, aber ich kann damit umgehen.»

Aphorismus
«Nicht jeder Gedanke, der weder zu Ende geführt noch begründet wird, ist deshalb ein Aphorismus» (Manfred Rommel).

Wut
«Der Mensch ist, wenn er wütend wird, in seiner besten Verfassung – das heißt: zu allem fähig» (Manfred Rommel).

Aufgeregtheit
«Es ist immer wieder erstaunlich, wie lange Menschen, die sich völlig mißverstehen, miteinander reden können – besonders dann, wenn sie aufgeregt sind»(Manfred Rommel).

Bei solchen Gelegenheiten
Landesbischof Lilje aus Hannover war ein weltläufiger Mann. Er reiste viel. Ein Pfarrer soll einmal in sein Gebet, während des Gottesdienstes, den Satz eingeflochten haben: «Schütze, Herr, unseren Landesbischof! Nur du weißt, wo er sich im Augenblick befindet.» Lilje beherrschte mehrere Fremdsprachen: Englisch und Französisch natürlich, dann Italienisch, Spanisch, auch wohl etwas Portugiesisch. Einmal, bei einem ökumenischen Treffen, galt es, die Grußansprache eines Vertreters der russischen Orthodoxie zu übersetzen. Niemand

war zugegen, der Russisch konnte. Man hatte versäumt, einen Übersetzer kommen zu lassen. Lilje sagte, er werde die Ansprache übersetzen. Der russische Vertreter sprach. Lilje machte sich einige Notizen und übersetzte, nachdem der Redner geendet hatte, geläufig dessen Ansprache. Nach dem Ende der Veranstaltung sprach jemand den Landesbischof an: «Ich wußte ja, daß Sie gut Englisch, Französisch, Italienisch und Spanisch können, aber daß Sie auch das Russische so vorzüglich beherrschen, war mir nicht bekannt.» – «Ach, wissen Sie», entgegnete Lilje, «ich kann gar nicht Russisch. Ich weiß aber, was man bei solchen Gelegenheiten sagt.»

Per Telephon
Eine Kranz-Beschriftung für ein Begräbnis wird telephonisch aufgegeben. Auf der Schleife des Kranzes vor dem Sarg steht dann zu lesen: «In tiefer Trauer auf beiden Seiten und, wenn noch Platz ist, ein Wiedersehen im Himmel».

Vielsprachigkeit
«Zu einem Dummkopf, der sich vier Sprachen zu kennen rühmte: ‹Ich beglückwünsche Sie – Sie haben dann immer vier Worte gegen einen Gedanken.›» (Rivarol)

Üble Nachrede
Rivarol: «Von zehn Personen, die über uns sprechen, sagen neun Übles, und meist bringt der Einzige, der Gutes sagt, es übel vor.»

Das unterstützte Buch

«Un livre qu'on soutient est un livre qui tombe», «Ein Buch, das unterstützt wird, ist ein Buch, das fällt» (Rivarol – er meinte natürlich unter den Bedingungen seiner Zeit, Zensur etc.: ‹offiziell gestützt›).

Distichon

Rivarol sagte zu jemandem, der ihm ein Distichon vorgelegt hatte: «Es ist gut, aber es sind Längen darin.»

Der König ist kein Thema

Ein wegen seiner geistreichen Aussprüche bekannter Franzose des 18. Jahrhunderts, der Marquis Le Bièvre, wurde von Ludwig XVI. empfangen. Der König wollte ein Bonmot von ihm hören. Der Marquis sagte: «Sire, donnez-moi un sujet.» Darauf der König: «Eh bien, faites-en un sur moi», «Machen Sie eines (ein Bonmot) über mich.» Worauf schlagend der Marquis entgegnete: «Sire, le Roi n'est pas un sujet», also Zweideutigkeit von «sujet»: «Der König ist kein Gegenstand», aber auch: «Der König ist kein Untertan.»

Auf Wiedersehen

Mark Twain starb 1910. Sein letztes Wort, an seine Tochter gerichtet, war dieses: «Auf Wiedersehen, Liebe, falls wir uns wiedersehen.»

Wandervogel

Die Wandervogel-Bewegung, lautete eine alte Auskunft, habe sich nun gespalten: die einen wandern jetzt nur noch.

It didn't work
Ein Israeli, als Kind aus Österreich emigriert, noch gut deutsch sprechend, in der Diskussion nach seinem Vortrag: «Man hat es versucht, aber es hat nicht gearbeitet.»

Wort
«Je näher man ein Wort ansieht, desto ferner sieht es zurück.» (Karl Kraus)

Die Kraft des deutschen Wortes – unfreiwilliger Sprachwitz
Rudolf Georg Binding: «Kein Wort würde Axt besser aussagen als das Wort Axt; kein Bild, selbst nicht die Wirklichkeit einer Axt, würde die Kraft haben, den eigentlichen Begriff des Dinges in unserem Bewußtsein mit dieser Sicherheit, in diesem Umfang, mit dieser Sinnhaftigkeit und sinnlichen Wahrnehmbarkeit auszudrücken als das Wort: Axt, dieses kurze, schneidende A, dieses ächzende x und dies abhackende t. Kein Wort der Welt, kein anderer Mund als der deutsche könnte die ganze runde rauschende Fülle eines Baumes aussagen für das indogermanische Sprachgefühl als das Wort Baum: diese schwellende Weiche des B, die volle Dehnung des geräumigen halbdunklen au, das raunende m am Ende» (Von der Kraft des deutschen Wortes als Ausdruck der Nation, 1933, zitiert – zustimmend – in der Duden-Grammatik von 1959).

Berufsbedingte Todesarten
«Der Gärtner beißt ins Gras
Der Maurer springt von der Schippe
Der Koch gibt den Löffel ab

Der Turner verreckt
Den Elektriker trifft der Schlag
Der Pfarrer segnet das Zeitliche
Der Spachtelfabrikant kratzt ab
Der Schaffner liegt in den letzten Zügen
Der Beamte entschläft sanft
Der Fromme muß dran glauben
Der Zahnarzt hinterläßt eine schmerzliche Lücke
Der Gemüsehändler schaut sich die Radieschen von unten an
Der Fechter springt über die Klinge
Die Putzfrau kehrt nie wieder
Der Anwalt steht vor dem Jüngsten Gericht
Der Autohändler kommt unter die Räder
Der Kfz-Mechaniker schmiert ab
Der Förster geht in die ewigen Jagdgründe ein
Der Gynäkologe scheidet dahin
Der Schornsteinfeger erbleicht
Der Rabbi geht über den Jordan
Der Optiker schließt für immer die Augen
Der Tenor hört die Englein singen
Der Spanner ist weg vom Fenster
Der Eremit wird heimgerufen»
(Text aus dem Internet; Verfasser oder Verfasserin leider nicht zu ermitteln).

Namensänderung

Ein ehrgeiziger Bankbeamter im alten Prag mit dem (jüdisch klingenden) Namen Nelkenblum reicht ein Gesuch um Namensänderung ein. Sein Name sei hinderlich für sein Fortkommen im Beruf. Die Behörde fordert ihn auf, dafür eine Bestätigung zu bringen. Er erhält von der Direktion seiner Bank folgendes Dokument: «Auf Wunsch von Herrn Bernhard Nelkenblum bestätigen wir gerne die Notwendigkeit der von ihm angestrebten Namensänderung, da sich der Name Nelkenblum auf sein berufliches Fortkommen nachteilig auswirken könnte. (Gezeichnet Feilchenfeld, Generaldirektor. Rosenblatt, Prokurist).»

Wortschöpfereien (Raimund Vidrany)
«Autobahn mit Baustellen: Verwünschelroute; Erhitzte Prostituierte: Glühdirne; Kuckucksei: Brutschande; Maxirock: Wadenhüter; Konkursbilanz: Saldo mortale; Nächtlicher Liebhaber: Somnambuhle; Fauler Froschmann: Tauchenichts; Leitende Optikerin: Prismadonna; Befolgung des Pillenverbots: Papstinenz; Schiffbrüchiger Seeoffizier: Kenteradmiral; Pferdegroßhändler: Rossist; Schlummernder Missetäter: Dösewicht.»

Thomas Mann
In den zwanziger Jahren soll in München ein Dienstmädchen eingestellt werden. Man fragt sie, wo sie denn vorher in Stellung war. Die Antwort: «Platterdings bei Thomas Mann.»

Geduld
Heine: «Bis mir endlich,
endlich alle Knöpfe rissen,
an der Hose der Geduld.»

Elazar Benyoëtz
(Diese der deutschen Sprache scharf abgehörten, zum Teil ernsten Scherze schickte mir am 17.11.05 aus Jerusalem der

Dichter Elazar Benyoëtz, nachdem ich sein Buch «Finden macht das Suchen leichter» (2004) besprochen, wir uns dadurch kennengelernt und er – durch mich – von meiner entstehenden Sprachwitz-Sammlung gehört hatte)

«Mehr Wirbel denn Säule
Oder
Funmerkungen

Durchstehen – absitzen

Alle – der größte Niemand
Altväterisch – psalmodisch
Aufgeschlossen – zugetan
Ausgebildet – eingerahmt

Anekdote – das Schlüsselloch
Zum Tiefsinn

Baptismus –
Waschechtes Christentum

Begrenzt – uneingeschränkt
Bedächtig – obschonend
Bedenklich – leugwahr
Begreifen – handhaben
Begriffe – Fehlschlüssel
Bejaht – unterbestätigt
Beschlossen – wollendet
Beschränkt – an uns grenzend

Lautstarke Unstimmigkeit

Vorsänger seines Nachrufs

Die lästige Last – Eine Bürde

Folter – Rädliche Behandlung

Krücken – VorschubLeisten

Albert Speer – Perphidias

Pornographie – Geilschrift
Paradiesisch – Sündenfällig

Die Nachtgiebige

Frigid – Radikühl
Geil – triefsinnig
Potent – allnächtig
Impotent – beischläfrig

Wonne – Triebseligkeit
Orgie – Konzärtlichkeit

Beim Haupttreffer
Verliert man seinen Kopf

Entweder kurz oder be*dauer*lich

Spätromantik:
Die versungene Locke

Gelage – Optimahl

Strafrede – Rügveda
Dringend – scheineilig
Vollkommen – unlücklich

Assimilation – Identitäuschung
Glaube – HellHörigkeit

Orakel – Nebelsatz

Wortamsonntag –
Theobaldriantropfen

Salongespräch –
Plüschplausch

Blaustrumpf –
Zitatenschätzchen

fanatisch – glaubheftig
borniert – scheukläppisch
frömmlerisch – theoviel
arabesque – orienziert

lachhaft – zwerchfällig»

FREMDSPRACHIGES

Knochenlos
Im «Zauberberg» läßt Thomas Mann den Russen Anton Karlowitsch Ferge, einen sympathischen Versicherungsbeamten, auftreten. Hans Castorp, der ja zum Russischen über Madame Chauchat eine besondere Beziehung hat, läßt sich von ihm Russisch vorsprechen: «Rasch, verwaschen, wildfremd und knochenlos ging das östliche Idiom unter Herrn Ferges gutmütigem Schnurrbart ... hervor». Übrigens enthält der Name Ferge auch eine makabre Sprachwitz-Anspielung, denn *Ferge* ist das alte Wort für «Fährmann», womit der Autor an Charon, den Totenfergen erinnert.

Russisch 1
Ein Russe beklagt die Härte der deutschen Sprache, indem er sie der Weichheit seiner eigenen Sprache entgegenstellt: «Wie charf is deutscher Sprach, zum Baispiel: ‹Wie befinden Sie sich?› Und wie waich is russischer Sprach: ‹Kakája reká tak shiroká kak reká oká?›» Das heißt nun freilich etwas anderes, nämlich: ‹Welcher Fluß ist so breit wie der Fluß Okà?›»

Englisch
Oscar Wilde reiste zu einer Vortragstournee in die Vereinigten Staaten. Vor seiner Abfahrt erreichte ihn ein Kabel aus Amerika mit der Frage, wie man sich auf seinen Besuch vorbereiten könne. Der Dichter kabelte zurück: «Learn English!»

England und Amerika

Oscar Wilde: «England and America have many things in common, except, of course, the language», «England und Amerika haben vieles gemeinsam, außer natürlich der Sprache.»

Wichtigkeit des Kommas

Ein Pandabär geht in ein Café, bestellt ein Sandwich, ißt es, zieht danach ein Gewehr heraus und feuert zweimal in die Luft. Der erschrockene Kellner fragt ihn verwundert: «Warum?» Der Pandabär zieht ein Handbuch über «Tiere in der Wildnis» heraus, wirft es dem Kellner hin und sagt ihm: «Schauen Sie mal unter ‹Panda› nach!» und verschwindet. Der Kellner schlägt nach und liest: «Panda. Large black-and-white bear-like mammal, native to China. Eats, shoots and leaves.» Das heißt also: «Er frißt, schießt und entfernt sich.» Gemeint ist aber, und da ist ein Komma zuviel: «Eats shoots and leaves», also: «Er frißt Schösslinge und Blätter».

Piano

«Algernon: I don't play accurately – anyone can play accurately – but I play with wonderful expression. As far as the piano is concerned, sentiment is my forte», «Ich spiele nicht genau – jeder kann genau spielen –, ich spiele mit wundervollem Ausdruck. Was das Piano angeht, ist Gefühl mein Forte» (O. Wilde, The importance of being earnest, I, 1).

In zwei Worten

Wie der bekannte Filmregisseur mit entschiedener Geste zu sagen pflegte: «In two words: impossible!»

Vizepräsident

James Joyce: vicepresident – «the president of the vice», Präsident, also, des Lasters.

Fish

George Bernhard Shaw war ein enragierter Gegner der Orthographie des Englischen. Sie schien ihm völlig irrational. Er forderte eine Reform und setzte gar einen beträchtlichen Teil seines beträchtlichen Vermögens dafür aus. Also für denjenigen, der eine solche Reform durchzusetzen imstande sei. Den irrationalen Charakter der englischen Schreibung illustrierte er an dem Wort *fish* – es könne nach den Regeln der englischen Orthograhie genausogut *ghoti* geschrieben werden. Das *gh* entspräche dem Laut *f* in *enough*, das *o* entspräche dem *i*-Laut in *women* und das *ti* dem Zischlaut *sch* in *nation*. Ganz richtig ist die Darlegung nicht, weil Shaw nicht berücksichtigt, daß es auch auf die Stelle (sprachwissenschaftlich: die Distribution) ankommt. Zum Beispiel bezeichnet ein *gh* im Anlaut eines Worts nie den Laut *f*, ebensowenig wie *ti* den Laut *sch* am Ende eines Worts.

Bibel

Henry Higgins, der Linguist in Shaws «Pygmalion», zunächst als «note taker» (also als einer, der sich Notizen macht) eingeführt, zu der Blumenverkäuferin, die so ordinär und unartikuliert redet: «Remember that you are a human being with a soul and the divine gift of articulate speech: that your native language is the language of Shakespeare and Milton and the Bible...» – «Denken Sie daran, daß Sie ein menschliches Wesen mit einer Seele und der göttlichen Gabe artikulierter Rede sind, daß Ihre Muttersprache die Sprache Shakespeares, Miltons und der Bibel ist ...» (G. B. Shaw, Pygmalion, Act I). Die Bibel, die hier gemeint ist, ist die sogenannte «Authorised Version». Diese Übersetzung wurde für England ein nationales Buch. Übrigens hat Shaws Mr. Higgins einen wirklichen und in der Tat bedeutenden Sprachwissenschaftler (und Phonetiker) zur Vorlage: Henry Sweet.

Kurze Wörter, alte Wörter

Churchill: «Short words are best and the old words when short are best of all», «Kurze Wörter sind am besten und alte Wörter, wenn sie kurz sind, sind am allerbesten.» Churchill wendet sich hier implizit gegen die meist viel längeren aus dem Lateinischen oder Griechischen kommenden «hard words».

Kurze Wörter, einfache Brüche

Churchill auf dem Parteitag der Konservativen, Margate, Oktober 1953: «Personally, I like short words and vulgar fractions», «Was mich angeht, so liebe ich kurze Wörter und einfache Brüche.»

Arbeiter

Churchill, 1904, über Premierminister Joseph Chamberlain: «Mr. Chamberlain loves the working man, he loves to see him work», «Herr Chamberlain liebt den Arbeiter, er liebt es, ihn arbeiten zu sehen.»

Unentschlossenheit

Im Jahre 1937 beschrieb Churchill die Regierung (Neville) Chamberlains so: «They are decided only to be undecided, resolved to be irresolute, adamant for drift, all-powerful for impotency», «Sie sind nur dazu entschlossen, unentschlossen zu sein, sie haben entschieden, nichts zu entscheiden, eisern lassen sie die Zügel schleifen, allmächtig sind sie in ihrer Ohnmacht.»

Russland
Churchill Oktober 1939 in einer Radioansprache: «Russia is a riddle wrapped in a mystery inside an enigma», «Russland ist ein Rätsel, eingehüllt in ein Geheimnis, das von einem Mysterium umgeben ist.»

Schreibung
Churchill: «The maxim ‹Nothing avails but perfection› may be spelled ‹Paralysis›», «Die Maxime ‹Nur das Vollkommene zählt› kann als ‹Lähmung› geschrieben werden.»

Fanatiker
Churchill: «A fanatic is one who can't change his mind and won't change the subject», «Ein Fanatiker ist jemand, der seinen Kopf nicht ändern *kann* und sein Thema nicht ändern *will.*»

Französisch 1
«Ach, du lernst französisch?» – «Ja, wir haben doch ein französisches Kind adoptiert; es ist jetzt acht Monate alt, und ich will doch mit ihm reden können, wenn es anfängt zu sprechen.»

Arma virumque

Im März 1953 sagte Churchill in einer Rede im Unterhaus, er werde nun ein lateinisches Zitat bringen. Es handelte sich um die Stelle «Arma virumque cano», den Beginn also von Vergils «Aeneis», «Die Waffen und den Mann besinge ich». Churchill jedoch übersetzte es mit «Arms and the men I sing». Der kultivierte Hugh Gaitskell von der Labour Party unterbrach ihn: «Should it not be *man*, the singular instead of the plural?». Churchill fuhr fort: «Little did I expect, that I should receive assistance on a classical matter from such a quarter», «Kaum hätte ich erwartet, in einer Frage des klassischen Altertums Hilfe aus solcher Ecke zu erhalten.»

Berliner

«Ish bin ein Bearleener.» So steht es, handschriftlich notiert von John F. Kennedy selbst, auf einer Karteikarte, von der er am 26. Juni 1963 vor dem Schöneberger Rathaus den danach so berühmten Satz ablas. Ganz korrekt, ganz idiomatisch ist er eigentlich nicht. Kennedy ist hier nicht völlig zutreffend beraten worden. Der Satz müßte entweder heißen «Ich bin Berliner» oder dann expliziter «Ich bin *auch* ein Berliner».

König von Preußen

In London gab es ein Hotel mit dem Namen «The King of Prussia». Während des Ersten Weltkriegs wurde der nun anstößige Name auf einfachste Weise geändert; das Hotel hieß nun: «The King of Russia». Es wurde also nur ein Buchstabe, ein Phonem, gestrichen, übermalt oder abmontiert.

Was wollen Sie?

Der amerikanische Gewerkschaftsführer Meany seinerzeit auf die Frage, was er denn eigentlich wolle: «What do you really want?» – «More», sagte Meany.

Geist und Materie

«What is mind?» – «No matter!» – «What is matter?» – «Never mind!». Natürlich unübersetzbar!

Palindrom

«Able was I ere I saw Elba», «Ich war fähig, bevor ich Elba sah.» Der Satz – eine dem späten Napoleon unterstellte Aussage über sich selbst – ist, rückwärts gelesen, gleichlautend. Das berühmte (schwächere) Beispiel des Deutschen: «Ein Neger mit Gazelle zagt im Regen nie».

Kohl

Gleich zu Beginn seiner Kanzlerschaft bestellte Helmut Kohl nach einer Europa-Konferenz für die britische Premierministerin Thatcher und für sich selbst ein Bier. Frau Thatcher wurde ein dunkles Bier gebracht, Kohl ein helles. Frau Thatcher sagte, ihr Glas hebend: «To your health!» Kohl überlegte kurz und sagte: «To your dunkels!»

Kartoffel

Ein Gast stürmt ins Lokal und sagt dem Kellner, noch bevor er sich hingesetzt hat: «I want a bloody beefsteak.» Der Kellner fragte zurück: «With fucking potatoes?»

N. N.

In den Vorlesungsverzeichnissen der Universitäten ist es üblich, wenn der Dozent noch nicht feststeht, statt des Namens ein «N. N.» einzutragen. Dies soll heißen: «Nomen nominandum», also: «Noch zu nennender Name». Eine neuere aufs Englische rekurrierende Deutung der Abkürzung lautet: «Nobody knows».

Französischübung

«George said that in that case we must take a rug each, a lamp, some soap, a brush and comb (between us); a toothbrush (each), a basin, some tooth-powder, some shaving tackle (sounds like a French exercise, doesn't it?) and a couple of big towels for bathing» (J. K. Jerome, Three men in a boat, To say nothing of the dog, chapter III,), «George sagte, daß in diesem Fall jeder eine Decke mitnehmen müsse, eine Lampe, etwas Seife, eine Bürste und einen Kamm (für alle von uns), eine Zahnbürste (für jeden von uns), eine Wasserschüssel, etwas Zahnpulver, etwas Rasierzeug (hört sich wie eine Französischübung an, nicht?) und ein paar große Badetücher.» Angespielt ist hier, in diesem seinerzeit und weit darüber hinaus überaus erfolgreichen Produkt britischen Humors von 1889, auf eine sehr implizite, aber damals gewiß für auch nur einigermaßen Gebildete gleich erkennbare Weise auf den französischen «Teilungsartikel», «article partitif»: englische Sätze mit vielen Ausdrücken mit «some» (das ja vielfach eigentlich – rein vom Englischen her – gar nicht nötig ist), die ins Französische zu übersetzen waren (oder aus dem Französischen so übersetzt wurden), und das «some» war dann Signal für den fälligen Teilungsartikel: *some bread, some butter – du pain, du beurre* etc.: *bread* und *butter*, wie auch im Deutschen *Brot* und *Butter*, hätten ja genügt.

Schwere Wörter, hard words

Quince: «He is a very paramour for a sweet voice» – Flute: «You must say ‹paragon›: a paramour is, God bless us, a thing of nought» (Shakespeare, A Midsummer Night's Dream IV,2). *Paramour* meint, laut Concise Oxford Dictionary: «Illicit partner of married man or woman» und *paragon* «model of excellence». Also hat Flute recht. Derartige Wörter, die wir im Deutschen «Fremdwörter» nennen würden, heißen englisch nicht «foreign words», sondern eben «schwierige Wörter» – man muß sich mit ihnen besondere Mühe geben. Ein weiteres Beispiel. Dogberry: «O villain! Thou wilt be condemn'd into everlasting redemption for this» (Shakespeare, Much Ado About Nothing IV,2). Also: zu «fortwährender Erlösung» soll der Schurke verdammt werden; ‹redemption› wurde also mißverstanden.

Lateinische Wörter

«It has come to be felt that the whole Latin vocabulary ... is potentially English.» So Henry Bradley, Mitverfasser des monumentalen «Oxford English Dictionary», in seinem Buch «The Making of English» (1937). Ein Beleg für die grenzenlose Aufgeschlossenheit des Englischen zumindest gegenüber dem Lateinischen und Griechischen. Solche Wörter gelten da, wie gesagt, nicht als «Fremdwörter», sondern bloß als «schwierige Wörter», «hard words».

Vom Erhabenen zum Lächerlichen

Ein Engländer und ein Franzose auf der Überfahrt von Calais nach Dover. Beide führen auf französisch ein philosophisches Gespräch. Der Engländer zitiert das Wort «Du sublime au ridicule il n'y a qu'un pas», also «Vom Erhabenen zum Lächerlichen ist es nur ein Schritt». Darauf der Franzose sogleich: «Oui, le pas de Calais», *Le Pas de Calais*, also Meerenge von Calais, der Ärmelkanal.

Deutsche Namen

Voltaires «Philosophisches Märchen», «Conte philosophique», «Candide oder Über den Optimismus» (1759), beginnt so: «Il y avait en Westphalie, dans le château de M. le baron de Thunder-ten-tronckh, un jeune garçon à qui la nature avait donné les mœurs les plus douces», «In Westfalen, im Schloß des Herrn Baron von Thunder-ten-tronckh, lebte ein junger Bursche, dem die Natur die sanfteste Veranlagung geschenkt hatte.» Voltaire will hier die Konsonantenhäufung deutscher Wörter dartun. Natürlich kommt uns das fiktive Beispiel Thunder-ten-tronckh eher niederländisch vor. Doch war dies für Voltaire, noch dazu im Blick auf Westfalen, kein großer Unterschied. Entscheidend für ihn war das barbarisch harte Konsonantengestrüpp.

Sanssouci

«Sanssouci» nannte Friedrich II. sehr bekanntlich sein Schloß bei Potsdam. Die preußische Aussprache ist ja «sángsusi» mit sehr starker (eben preußischer) Betonung der ersten Silbe. Voltaire soll den König nicht wenig irritiert haben durch den Hinweis, dieser Name («ohne Sorge») könne genauso gut «hundert Sorgen» («cent soucis») bedeuten.

Die gefrorenen Wörter

Rabelais (Quart Livre, Kap. 56): «Lors nous jecta sus le tillac pleines mains de paroles gelées, et sembloient dragée perlée de diverses couleurs. Nous y vismes des mots de gueule, des mots de sinople, des mots d'azur, des mots de sable, des mots dorés. Lesquels estre quelque peu eschauffés entre nos mains fondoient comme neiges, et les oyons réalement», «Dann warf er uns mehrere Hände voll gefrorener Wörter aufs Oberdeck hin, und die sahen aus wie Perlenkörner von verschiedener Farbe. Wir sahen da rote Wörter (gleichzeitig, denn dies ist ein zweideutiges Wort: Zoten), grüne Wörter, blaue Wörter, sandgelbe Wörter, goldene Wörter. Und diese Wörter schmolzen wie Schneeflocken, nachdem sie sich in unseren Händen etwas erwärmt hatten, und dann konnten wir sie wirklich hören.»

Ich reime auf dait

Victor Hugo:
«Tout reposait dans Ur et dans Jérimadeth;
Les astres émaillaient le ciel profond et sombre;
Le croissant fin et clair parmi ces fleurs de l'ombre
Brillait à l'occident, et Ruth se demandait...»
Wörtlich: «Alles schlief in Ur und in Jerimadeth;/Die Sterne besprenkelten den tiefen und dunklen Himmel;/Die feine und helle Sichel unter diesen Blumen des Schattens/Glänzte im Westen, und Ruth fragte sich...» (So in dem berühmten und schönen Gedicht «Der schlafende Boas», «Booz endormi», aus der Sammlung «La légende des siècles». Offenbar ist dies ein Kunstname, der dem Sätzchen «J'ai rime à *dait*» oder «je rime à *dait*», «ich habe einen Reim auf *dait*» oder «ich reime auf *dait*» entspricht. Natürlich muß sich der so gefundene (oder gerechtfertigte) Name an hebräisch Klingendes anlehnen.

Französisch 2

Es wurde in der Versammlung gefragt, ob jemand französisch könne. Es gehe darum, einen französischen Gast zu begleiten. Jemand stand auf und sagte: «Je.»

Faust

In einer der ersten Faust-Übersetzungen ins Französische soll die Stelle, gleich zu Beginn im Eingangsmonolog, «heiße Doktor gar» übersetzt worden sein mit «Je suis le docteur Gar». Und die Szenenanweisung, kurz danach: «Er schlägt das Buch auf...» wurde übersetzt mit «Il frappe le livre». Schließlich: «Wie sie kurz angebunden war, Das ist nun zum Entzücken gar!» mit (klassisches französisches Mißverständnis) «Comme elle avait la jupe courte...», «Was sie doch für einen kurzen Rock anhatte». Die Tradition, eine Zeit lang, auf den französischen Bühnen Gretchen in kurzem Röcklein auftreten zu lassen, scheint auf diesen Übersetzungsfehler zurückzugehen. Bedenklich ist auch die Übersetzung für «das ewig Weibliche», «le charme éternel».

Gemeinsame Fahrt

Jemand berichtet: «Ich bin tête-à-bête mit ihm gefahren.»

Flaubert

Über den Roman «Salammbô» von Flaubert, der mit viel Detailmalerei das alte Karthago schildert, prägte der Kritiker Sainte-Beuve ein schönes Wortspiel. Es handle sich da um Carthaginoiseries – eine Kontamination aus Carthage oder Carthaginois und chinoiserie, «Chineserei».

Vous

«Ce que je n'aime pas en vous c'est vous.» Der schöne, sprachlich schlagende Satz leidet, wenn man ihn ins Deutsche übersetzt, wegen des Unterschieds zwischen Ihnen und Sie. «Was ich an Ihnen nicht mag, sind Sie.»

Sprachähnlichkeit

Tomás Masaryk, erster Präsident der 1918 gegründeten tschechoslowakischen Republik, besucht Frankreich. Der französische Premier Edouard Herriot, der hochkultivierte Politiker und große Redner der «Radikalen», empfängt ihn. Masaryk hält eine Rede in französischer Sprache, offenbar jedoch mit sehr unzulänglicher Aussprache. Herriot bedankt sich danach für «ce discours admirable dans une langue qui me paraissait parfois si près de la nôtre», «diese wundervolle Rede, in einer Sprache, die mir zuweilen der unseren so nah zu sein schien.»

Zwiebel

«L'oignon fait la force.» Variante zu dem Satz der Gewerkschaften, deren Witz auf dem Quasi-Gleichklang von «oignon», «Zwiebel», und «union», «Einheit», beruht: «L'union fait la force.»

Clemenceau

Ein französischer Lehrer zu dem Schüler Clément: «Clément, vous êtes un sot; je dirais presque un Clément sot.»

Quitte

«Je voudrais me retirer dans un coing.» *Le coing* heißt «Quitte». Der Satz ist eine – nicht lautliche, sondern rein graphische – Variante zu «Je voudrais me retirer dans un coin» (*le coin* «Ecke»).

Das Wehen des Geistes

Paul Valéry: «L'esprit souffle où il peut.» Variante zu dem korrekten «L'esprit souffle où il veut» (Johannes 3,8); statt «will» also «kann», was französisch nur den Unterschied von einem Laut (und Buchstaben) ausmacht.

Mond

Ein französisches Kind: «On a appelé la lune *la lune*, parce qu'on voyait que c'était la lune», «Man hat den Mond *Mond* genannt, weil man gesehen hat, daß es der Mond ist.»

Zucker

Ein französisches Kind definierte den Zucker so: «C'est ce qui rend le café si amer, quand on n'en y met pas», «Zucker ist, was den Kaffee so bitter macht, wenn man keinen hineintut.»

Man schreibt soviel

Der kleine deutsche Junge, der gerade erst Schreiben gelernt hatte, das Etikett einer Flasche Bordeaux buchstabierend, nachdem er [bordó] gehört hatte: «Französisch schreibt man soviel und sagt fast nichts!»

Fremdenlegion

Ein Berliner, fünfundfünfzigjährig, früheres Mitglied der französischen Fremdenlegion, antwortete auf die Frage, wo er denn mit der Fremdenlegion gewesen sei: «Ja, im Extremorient» – französisch in der Tat «Extrême-Orient» für «Ferner Osten».

Bonjour

In der Schweiz gehörter Gruß: «An guete Bonjour.» Auszusprechen *Boschur*, bei starker Betonung des o und schwacher oder abwesender Nasalierung.

Antiquitätenhandlung

Ein Franzose sucht in Paris ein Etablissement. Er sieht ein Geschäft mit einer rötlichen Lampe davor und glaubt sich am Ziel. Es ist aber ein Antiquitätengeschäft. Der freundliche ältere Herr, der ihm entgegentritt, fragt: «Womit kann ich dienen?» – «Eh bien», sagt er, «je cherche une vierge!», «Ich suche eine Jungfrau». Darauf der Händler: «Ah, Monsieur, vous avez de la chance: justement j'en ai une du seizième» – also «aus dem 16. Jahrhundert». Der Kunde wohlgelaunt: «Ah, vous savez, l'arrondissement je m'en fous.» Das «seizième» ist ein besonders feiner Bezirk (arrondissement) in Paris.

Bürgerlich

In einem Arbeitervorort von Paris steht über einem Lokal: «Restaurant ouvrier», darunter der Hinweis: «Cuisine bourgeoise». «Arbeiter-Restaurant» also und «Gutbürgerliche Küche».

De Lattre de Tassigny

Der ab 1945 im Südwesten Deutschlands bekannte französische General Jean de Lattre de Tassigny hatte einen Sohn, der in der Gegend von Ravensburg als Rekrut diente. Der Feldwebel rief eines Tages seinen Namen auf mit «Lattre». Er wurde ja auch auf der Liste unter «L» geführt. Der Rekrut beschwerte sich: «de Lattre» wollte der Aristokrat genannt werden. Darauf der offensichtlich proletarische, aber geistreiche Feldwebel: «De Lattre de Tassigny demain matin de bonne heure de corvée de chiottes». Also: «De Lattre de Tassigny morgen früh, sehr früh, mit der Reinigung des Scheißhauses beauftragt.»

La Garde

Das Elsaß wurde unter Ludwig XIV. durch Eroberung französisch. In sprachlicher Hinsicht gab dies keine Veränderung. Nach 1870 wurde dann das Elsaß deutsch, nach 1918 wieder französisch und 1940 wieder deutsch, bis es, nach der Befreiung 1944, wieder französisch wurde. Die Franzosen sprachen die deutschen Namen einfach französisch aus, während die Deutschen, wenn sie das Wort führten, die französischen Namen übersetzten. Einmal, als wieder die Deutschen das Sagen hatten, wurden die Bürger mit französischen Namen ins Rathaus einbestellt. Ein Franzose, der sich meldete, hieß La

Garde. Man erklärte ihm: «Gut, also Sie heißen ab sofort Wache!» Darauf der Franzose: «Dann will ich gleich ‹Arsch› heißen.» – «Wieso?» – «Ja, wieso nicht? Wenn nun wieder die Franzosen bestimmen, wird mein Name *Wasch* (*vache*) ausgesprochen, dann werde ich also bei den Deutschen, die das dann übersetzen, ‹Kuh› heißen, dann sprechen die Franzosen dieses Wort französisch aus, also wie französisch cul, und die Deutschen, wenn sie wiederkommen, übersetzen das dann wieder und zwar ganz richtig mit Arsch.»

Alter

Ein Landser aus München will in Paris, in den Jahren der deutschen Besetzung, für seine Freundin daheim etwas Unterwäsche kaufen. Die Verkäuferin erkundigt sich: «Quel âge?» Der Münchener stutzt ein wenig und sagt dann, mit den Händen die Breite markierend: «Jo, i denk, so a dreiviertels Meta.»

Ein Nebensatz – über den Akt

«l'acte de la possession physique – où d'ailleurs l'on ne possède rien», «der Akt des körperlichen Besitzes, in dem man übrigens gar nichts besitzt» (Marcel Proust, zit. bei Ernst Robert Curtius, Marcel Proust).

Etymologie 2

Ein französischer Offizier hat die Aufgabe, Rekruten in die Kunst des Reitens einzuführen. Er erklärt zuerst – etymologisch – das hierher gehörende Wort *hippologie* «Pferdekunde». Er sagt: «C'est un mot grec, ça vient du grec *hippos* qui veut dire *science*, comme dans *hypothèse*, et du mot *logis* qui veut dire ‹cheval›, comme dans *maréchal des logis.*» Der «maréchal des logis» (von *loger* «wohnen») ist beim Militär unter anderem zuständig auch für die Pferde. Also *Hippologie* von *hippos* «Wissenschaft» und von *logie* «Pferd». Es ist alles falsch, aber das Ganze stimmt dann doch wieder. Griechisch «hippos» heißt ja «Pferd» und «logía» «Lehre» ...

Pompidou

Präsident de Gaulle besuchte eines Tages mit Georges Pompidou, seinem Premierminister, ein Pariser Theater. In der Pause gehen beide auf die Toilette. De Gaulle ist schweigsam, während beide nebeneinander stehen. Pompidou sagt schließlich: «C'est une bonne pièce, mon Général.» Darauf de Gaulle: «Pompidou, regardez devant vous!»

Zwanzig Herzen

General Bonaparte wird nach einem Sieg in einer Stadt von zwanzig jungen Mädchen, die ihm der Bürgermeister vorführt, begrüßt: «Vingt cœurs au vainqueur!» erklärt der Bürgermeister. Also: «Zwanzig Herzen dem Sieger.» Bonaparte fragt wohlgelaunt, wie er denn empfangen worden wäre, falls er die Schlacht verloren hätte. Die Antwort: «Vingt culs au vaincu!», «Zwanzig Hintern dem Besiegten.»

Charlatans!

Ludwig XVIII. von Frankreich, der 1824 starb, sagte auf dem Totenbett zu den Ärzten, die sich um ihn bemühten: «Dépêchez-vous, charlatans!», «Beeilt euch, ihr Charlatane!» Der Satz war gewollt zweideutig, denn der König wußte, daß sein Bruder Karl ihm nachfolgen würde, also: «Dépêchez-vous, Charles attend!», «Karl wartet». Es gibt auch die Variante: «Allons, finissons-en, charlatans!»

Gleichlautende Wörter

«Cinq moines sains de corps et d'esprit portaient dans leur sein le seing du Saint-Père.» Auch dieser Satz veranschaulicht den Reichtum des Französischen an gleichlautenden Wörtern (Homonymen, genauer: Homophonen). Übersetzt: «Fünf Mönche, gesund an Körper und Geist, trugen in ihrem Busen das Siegel des Heiligen Vaters.» Die entsprechenden lateinischen Wörter – *quinque, sanus, sinus, signum, sanctus* – waren alle lautlich verschieden; sie sind dies auch in den anderen romanischen Sprachen, etwa im Italienischen, Spanischen und Portugiesischen; im Französischen jedoch fielen sie durch die Lautentwicklung zusammen zu der nur aus zwei Lauten bestehenden Folge [s] und [ɛ̃].

Si

«Si six scies scient six cyprès, une scie scie un cyprès» (einleitend sechsmal [si]), «Wenn sechs Sägen sechs Zypressen sägen, sägt eine Säge eine Zypresse». Französischer Satz für Gleichlautendes (Homophonie). Die Möglichkeit eines (einigermaßen) sinnvollen Satzes bei Homophonenhäufung soll hier illustriert werden. Der Satz ist also nicht (er ist ja keineswegs schwer zu sagen) ein «Zungenbrecher» in Sinne unseres «Fischers Fritz fischt frische Fische, Frische Fische fischt Fischers Fritz».

Binnenreim

«Gal, amant de la reine, alla, tour magnanime,
Galammant de l'arène à la tour Magnes à Nîmes.«

Also: «Gal, Geliebter der Königin, ging, großherzige Wendung,/Auf galante Art und Weise von der Arena zum Turm Magnes in Nîmes». Diese beiden – lautlich völlig identischen, also sich durchgehend reimenden, aber aus ganz verschiedenen Wörtern bestehenden – Verse stammen wohl von Marc Monnier, gest. 1885. Auf deutsch wäre dergleichen kaum möglich.

Caen

Der Name dieser normannischen Stadt wird ohne das *e* ausgeprochen, also genauso wie *quand* «wann». Hierzu der glänzende, unübersetzbare Monolog des großen Wortkomikers Raymond Devos von dem Mann, der irgendwo in Paris das Liedchen hört «A quand les vacances...?», «Wann endlich kommen die Ferien...?» und sich sagt: «Schön, ich fahre nach Caen!», «Tiens, je vais aller à Caen!», weil er nämlich versteht: «A Caen les vacances!», «Ferien in Caen!». Er geht zum Bahnhof und fragt: «Pour Caen, quelle heure?» – «Pour où?» – «Pour Caen?» «Mais comment voulez-vous que je vous dise quand, si vous ne me dites pas où?» – «Mais je vous ai dit ‹Caen›!» – «Oui, mais vous ne m'avez pas dit où!» etc., etc.

Schlaf

Über den früheren Schweizer Bundesrat Minger, der dann auch turnusmäßig Bundespräsident wurde, kursieren, wie gesagt, ähnliche Anekdoten wie über den ehemaligen Bundespräsidenten Lübke (es gibt aber Unterschiede: Minger galt als ungebildet, aber schlau). Eines Tages, während eines Staatsbesuchs in Frankreich, habe man in einem Provinzstädtchen den Bundespräsidenten auf einer Straßenbank schlafend angetroffen. Er hatte sich kurzfristig von seiner Begleitung entfernt.

Schließlich fand man ihn: «Aber Herr Bundespräsident, Sie können hier doch nicht einfach schlafen!» Minger sagte: «Warum? Da ist doch ein Schild, auf dem steht ‹Ruhe du Kollege›!» Es war das Schild «Rue du Collège».

Papéterie

Vom Papst soll sich der protestantische Minger nach der Audienz mit folgenden Worten verabschiedet haben: «Maintenant, je vous prie de transformer mes meilleurs vœux à Madame la papesse et à toute la papéterie.» Also: *transformer* statt *transmettre*, und *papéterie* heißt «Papierladen» ...

Mitterrand

Beim ersten Zusammentreffen Kohls mit dem französischen Präsidenten Mitterrand bat Kohl diesen um das Du. Mitterrand lächelte und sagte: «Mais bien sûr, enchanté, je m'appelle François.» – «Helmut», sagte Kohl, «je m'appelle Helmut» und setzte dann, nachdem sie angestoßen hatten, hinzu: «Maintenant nous sommes per Du», also ausgesprochen wie «perdus», «verloren».

Belgier 1

Warum nehmen die Belgier, wenn sie zur Kirche gehen, Watte mit, um sie sich dort in die Ohren zu stopfen? Parce que Jésus crie (Jésus-Christ). Warum nehmen sie einen Schwamm mit? A cause de laver Maria! (L'Ave Maria).

Belgier 2

Warum Belgier so gerne, wenn sie im Schwimmbad sind, gleich nach unten tauchen. Weil die Franzosen sagen: «Au fond, ils ne sont pas si bêtes» («im Grunde» oder «auf dem Grunde sind sie gar nicht so dumm»).

Disraeli

Der alte Disraeli, der frühere Premierminister, hochverehrt, soll, während er in London spazierenging, oft kostenlose Angebote von Dirnen erhalten haben. Er pflegte dann höflich zu antworten (offenbar sprach man damals in London mit diesen Frauen französisch): «Ce sera pour une autre fois, Mademoiselle», «Ein anderes Mal, gnädiges Fräulein».

Regenschirm

Im Hessischen muß jemand, der ein wenig französisch kann, beim Besuch eines französischen Beamten beim Bürgermeister dolmetschen. An einer Stelle sagt er leise zu seinem Begleiter: «Oh Gott, jetzt bleib isch hänge. Isch waas net, was ‹Parapluie› auf Französisch haaßt.»

Fließend französisch

«Très volontièrement», pflegte er zu sagen, denn er sprach fließend französisch (es heißt natürlich *volontiers* – das ist schon ein Adverb).

Schlechte Übersetzung

Hübsches Beispiel, irgendwo von Thomas Mann genannt, für eine schlechte Übersetzung aus dem Französischen: «Sie lieben also nicht die Welt, mein Fräulein?» – «Was wollen Sie, mein Herr? Ich langweile mich in ihr.» Das Original wäre also: «Vous n'aimez donc pas le monde, Mademoiselle?» – «Que voulez-vous, Monsieur? Je m'y ennuie.» Ein wenig ähnlich ist der Beginn von «Renée Mauperin» der Brüder Edmond und Jules de Goncourt (1864).

Papierkrieg
Ein Soldat, der im Quartier beschriebene Marmorplatten herumträgt: «Il y a beaucoup de marbrerie dans l'armée» (Goscinny, Uderzo, Astérix et les Normands). Das (nicht existierende) *marbrerie* ist gebildet nach *paperasserie* «Papierkrieg» oder eigentlich «Papiererei».

Centurio
Astérix erklärt die römische Heeresordnung: «et au-dessus d'un centurion, c'est un millurion», «und über dem Centurio gibt's den Millurio» (Goscinny/Uderzo, La serpe d'or).

Les raisons, la raison
Pascals hochberühmter Satz über «les raisons» und «la raison» ist auch ein freilich schwermütiger und tiefsinniger Sprachwitz: «Le cœur a ses raisons, que la raison ne connaît point; on le sait en mille choses» (Pensées, article sixième, Des divers moyens de croire: la raison et le cœur), somit: «Das Herz hat seine eigenen Gründe, die der Verstand (die Vernunft) nicht kennt; es ist von tausend Dingen her bekannt.»

Deutsch-französischer Austausch
Auf der Papiertischdecke fand sich, während des deutsch-französischen Austauschtreffens in Frankreich, das spät am Abend endete, am Morgen dieser Eintrag: «Grrr...Je t'aimes.»

Richtig natürlich (aber darauf kommt's hier nicht an): «Je t'aime.»

Pluto

«‹Papè Satàn, papè Satàn aleppe!›
Cominciò Pluto con la voce chioccia...»
«‹Papè Satàn, papè Satàn aleppe!› begann Pluto mit rauher Stimme...». So hebt der siebte Höllengesang von Dantes «Commedia» (Inferno, 7, 1–2) an: es sind unverständliche Worte, vom Namen «Satán» abgesehen, mit denen Pluto gegenüber den beiden Ankommenden, Vergil und Dante, seine Wut ausdrückt («rabbia»). Offensichtlich hat Dante – in die Richtung ‹Sprachwitz› gehend – die Wörter «papè» und «aleppe» – zwei Vokale, zwei Konsonanten – erfunden.

Buonaparte

Napoleon tanzte auf einem Ball mit einer italienischen Gräfin. Er sagte ihr: «Gli italiani sono dei banditi», «Die Italiener sind Banditen». Sie antwortete schlicht: «Buona parte si», «Zu einem guten Teil, ja.» Auch gute (oder bessere) Variante: «Gli italiani danzano male.»

Unfehlbarkeit

Der Papst zur Zeit des Ersten Vatikanischen Konzils (1869/1870) war Pius IX. (italienisch Pio Nono). Der Streit um die päpstliche Unfehlbarkeit, die damals für den Vatikan Hauptgegenstand war, zog sich länger hin als erwartet, und so wurde das Konzil zusehends teurer für den Vatikan. Pio Nono soll damals erklärt haben: «Questi infallibili mi faranno fallire», also sinngemäß: «Diese Unfehlbaren (und auch: die mit ihrer Unfehlbarkeit) werden mich noch in den Ruin treiben.»

Rom 3
Zwei deutsche Journalisten zu Besuch in Rom wissen nicht mehr, wo sie ihren Wagen abgestellt haben. Da sagt der eine: Du, Zum Glück hab ich mir den Namen der Straße notiert: «senso unico».

Weihnachten und Neujahr
Italienisches Dictum: «Natale con i tuoi, Capodanno con chi vuoi.» Somit: «Weihnachten mit den deinigen,/Silvester mit denen, mit denen du willst.» Dabei ist (und hierin liegt ein Teil des Witzes) «con chi vuoi» zweideutig: «mit irgendwelchen Leuten» oder «mit denen, mit denen du wirklich willst».

Triest
Triest, die Hafenstadt auf der Halbinsel Istrien, war bis zum Ersten Weltkrieg österreichisch. Danach wurde die Stadt italienisch. Lange hatten sich die natürlich italienisch sprechenden Bewohner (Triest ist die Stadt des großen Schriftstellers Italo Svevo) nach dieser Veränderung gesehnt. Kurze Zeit danach jedoch schrieb eine vornehme Italienerin ihrer Freundin nach Wien: «Es war besser, als es schlechter war», «Era meglio quando era peggio.»

Pavarotti
Meister des «bel conto».

Blasphemisches

«Nel nome del pane, del salame e del vino bianco» (diese Variation zu «Nel nome del Padre, del Figlio e dello Spirito Santo», also «Im Namen des Vaters, des Sohns und des Heiligen Geistes», steht in dem Roman «Fontamara» von Ignazio Silone).

Italienisch-französisches Gespräch

Auf dem Markt in Florenz fragt ein französischer Tourist einen Händler, der Nüsse verkauft, in reduziertem Französisch, wie Italiener die Anekdote erzählen: «Comment s'appelle?» Der Italiener antwortet: «Non si pelano, si schiacciano.» *Schiacciare* heißt «zerdrücken» und *pelare* «schälen»; also: die werden nicht geschält, sondern zerdrückt. Der Franzose antwortet: «Comprends pas.» Der Italiener entgegnet: «Se non compra lei, compra altro», «Wenn Sie nicht kaufen, kauft halt ein anderer.» Während der Franzose weitergeht, sagt der Italiener zum Kollegen am nächsten Stand: «Wie leicht ist es doch, mit den Franzosen zu reden», «Quanto è facile parlare con i francesi!»

Großes Haus

Die Italiener und Spanier in Deutschland passen oder paßten zur Zeit der «Gastarbeiter» einige deutsche Namen an ihre Sprachen an. So wurde die «Krankenkasse» zu «Gran casa», also zum «Großen Haus» oder auch (italienisch «Gran cassa») zur «Großen Kasse». Das Finanzamt wurde zu «La fidanza», «das Vertrauen». Aus der «Wilhelmstraße» machten die Spanier «Virgenstraße», also «Jungfrauenstraße» (*la virgen*). Und aus der «Mörikestraße», die «Maricastraße», also «Homostraße» (*el marica*). Aus dem oft so entscheidenden «Stempel» wurde spanisch «el destemple», «die Verstimmung», «die Unpäßlichkeit»: «Me falta todavía el destemple», «Mir fehlt noch der Stempel.»

Beethoven Spanisch
Beethoven schrieb die fünfte Symphonie, sagen die Spanier, für seinen Vater. – Wieso? – Ja, wegen des Anfangs: parapapá ... Also: para papá, «für Papa».

Der Cid
«El Cid por la mañana de su casa sale/y saluda a su amigo Menéndez Pidale» – «Der Cid tritt am Morgen vor sein Haus/ und begrüßt seinen Freund Menéndez Pidal» – zwei Verse (sehr ungefähr im Stil des «Cid», des spanischen mittelalterlichen Nationalepos) auf den großen spanischen Philologen und Historiker Ramón Menéndez Pidal, der sich – neben vielem anderen – auch mit diesem Epos, dem «Cantar del mío Cid» ausführlich befaßt hat: Er war sozusagen der «Vikar» dieses mittelalterlichen Helden Spaniens.

Das Leben
«La vida es una barca, dice Calderón de la Mierda» – *barca* meint «Schiff» und *mierda* «Scheiße».

Unterscheidung
Der spanische Schriftsteller José Camilo Cela, Nobelpreisträger, war natürlich Mitglied der «Königlichen Spanischen Akademie», die sich vor allem mit der spanischen Sprache befaßt.

Während einer Sitzung schlief Cela ein. Der Präsident interpellierte ihn amüsiert: «Herr Cela, Sie schlafen», «Señor Cela, está usted dormido.» Cela wachte auf und sagte: «No estoy dormido, estoy durmiendo.» Nach der Sitzung wurde er gefragt, wo denn da der Unterschied sei. Cela erklärte ihn mit Hilfe des Verbs *joder* (es ist das vulgäre Verb für den Verkehr): «*Estoy jodido* – ‹ich bin dumm dran› – quiere decir otra cosa que – ‹meint etwas anderes als› – *estoy jodiendo*», ‹ich bin dabei zu ...›

Santa Teresa de Jesús

In Madrid gibt es ein Studentinnenheim, das den Namen der großen Heiligen aus der Stadt Ávila trägt. Ruft man an, meldet sich die Zuständige mit «Santa Teresa de Jesús». Einmal antwortete jemand: «Ora pro nobis.»

Rodríguez

Jemand ruft die Familie Rodríguez an und fragt: «Ist dort Rodríguez?» Dabei spricht er das u, das hier nicht ausgesprochen wird, mit aus. Die Antwort lautet: «Si, pero la u no se pronuncia!», «Ja, aber das u wird nicht ausgesprochen.» Der Anrufende antwortet: «Beno, beno, pes kelgo!» (es müßte heißen: «Bueno, bueno, pues cuelgo»), «Gut, gut, ich lege also wieder auf».

Was anziehen?

Zwei weibliche (spanische) Unterhosen hängen auf der Wäscheleine. Die eine flattert unruhig hin und her. Die andere fragt: «Was ist los mit dir? Warum bist du so nervös?» – «Ja, ich bin heute abend eingeladen, hay una fiesta y no se qué coño ponerme.» Coño ist also das Wort für das weibliche Organ; pragmatisch heißt dies aber auch: «Ich weiß verdammt nochmal nicht, was ich mir anziehen soll.»

Die Nonnen und der Pfarrer

Ein Pfarrer steigt in Spanien in einen Zug. Im Abteil sitzen Nonnen. Er kommt mit ihnen ins Gespräch. Er fragt die erste: «Woher bist du, meine Tochter?», «¿De dónde eres, hija mía?» Sie antwortet: «Yo soy de Jaén.» Der Pfarrer sagt: «Gut, gut», «Bien, bien.» Dann die zweite: «Yo soy de Alfaro.» Antwort: «Claro, claro.» Die dritte: «Yo soy de Vizcaya.» Antwort: «Vaya, vaya» («So, so»). Die vierte: «Yo soy de Logroño.» Da sagt der Pfarrer: «Caramba, caramba.» Er vermeidet hier also das vom Reim her fällige «coño», das mit dem Namen dieser Stadt in der Gegend «La Rioja» ohnehin fest assoziiert ist; es bezeichnet vulgär das weibliche Organ – überaus häufig – als Ausdruck des Erstaunens und zur Bekräftigung verwendet. Jaén und Alfaro sind, wie Logroño, Städtenamen, und Vizcaya ist eine Provinz.

Donostia

Die spanische Stadt San Sebastián heißt auf baskisch (sie liegt ja im Baskenland) Donostia. Nun muß man wissen, daß das Wort «hostia» (oder auch im Plural «hostias»), das eigentlich Hostie heißt, vielfach als derber, blasphemischer Fluch verwendet wird. Jemand sagt: «Yo soy de Don Benito», «Ich bin aus Don Benito.» Dies ist nun eine Stadt im Südwesten Spaniens, in der Extremadura. Der andere sagt: «Pues, yo soy de Donostia», «Und ich, ich bin aus Donostia.» Darauf der erste: «Hombre, ¡no lo tomes así!», «Mensch, reg dich doch nicht auf!»

Meticuloso

Die Spanier sagen zu einem Suppositorium scherzhaft auch «un meticuloso». Das Eigenschaftswort *meticuloso* meint etwas wie «ängstlich», «kleinlich», «pedantisch» oder «pingelig». Aber hier wird es in Verbindung gebracht mit *meter*, «stecken» und *culo*, «Hintern»; es wird also auf falsche Weise «durchsichtig» gemacht.

Plácido Domingo

Aus einem Haus in Spanien dringt aus dem geöffneten Fenster die prachtvolle Stimme eines Tenors. Zwei gehen vorüber. Der eine fragt: «¿Es Plácido Domingo?», «Ist das Plácido Domingo?» Der andere sagt: «¡Qué va! – es puto lunes.» Übersetzt: «Ach was, es ist verdammter Montag!». *Domingo* heißt ja «Sonntag» und *plácido* «friedlich».

Angst

Die Spanier sagen über jemand, der nie Angst hat: «Miedo no tiene, lo que tiene es pánico.» Das letztere Wort läßt sich nur schlecht mit «Panik» übersetzen. Es meint jedenfalls eine gesteigerte Angst, ein regelrechtes Entsetzen: «Angst hat er nicht, was er hat, ist eine regelrechte Panik.»

Paprika

In Spanien gibt es eine besondere, sehr kleine Paprikaschote, genannt «pimiento de Padrón». Padrón ist eine Stadt an der Nordwestküste, in Galizien. Diese Paprikaschoten haben, ähnlich den Mandeln, die Eigenschaft, daß die meisten von ihnen milde sind, einige aber, von außen nicht erkennbar, sehr scharf. Der Spruch hierzu lautet: «Los pimientos de Padrón – unos pican, otros non.» Also: «Die einen brennen, die anderen nicht.» Der Witz liegt (auch) darin, daß die Verneinungspartikel spanisch nicht *non* lautet, sondern *no*.

Russisch 2

Es war an der französisch-spanischen Grenze, in Port Bou, zur Zeit des Generalísimo Franco. Ein spanischer Student der Altphilologie kehrte nach einigen Wochen in Deutschland in seine Heimat zurück. Er studierte während der Fahrt im griechischen Urtext Platons Schrift über den Staat. Griechische Werke führen ja nun oft ihren Titel in lateinischer Sprache. Also in diesem Fall: «De re publica». Der Grenzpolizist, der die Reisenden kontrolliert, möchte das Buch sehen. Schon sein Titel alarmiert ihn: «Aha! Republik!» Er blättert dann in dem Buch und sagt triumphierend: «Und dazu noch auf Russisch!», «¡Y además en ruso!»

Gefängnis

Die spanischen Münzen trugen zur Zeit Francos das Bild des Generalísimo und auf der Rückseite einen schräggestellten Adler mit einem kurzen und einem langen Flügel, spanisch *ala*. Jemand erlaubt sich, einem Unbekannten gegenüber, in einem Lokal einen Scherz und erklärt diesem die Münze. Er sagt, auf die Rückseite der Münze deutend: «Ala grande, ala chica.» Also: «Großer Flügel, kleiner Flügel.» Dann dreht er die Münze um und sagt: «¡A la mierda!» Also wörtlich: «Zur Scheiße mit ihm!» Darauf dreht der Unbekannte sein Revers um, so daß die Polizeimarke sichtbar wird und sagt: «¡A la cárcel!», «Ins Gefängnis.»

Diktator

Ein lateinamerikanischer Diktator wollte unbedingt ein Reiterstandbild von sich haben, una estatua ecuestre. Er sagte seinem Adjutanten: «Una estatua ecuestre, pues – cuestre lo que cuestre.» Eine Variante zu der üblichen Wendung cueste lo que cueste, «es möge kosten, was es wolle».

Benítez

Ein lateinamerikanischer Potentat namens Juan Benítez, zu Besuch beim spanischen König. Der König geht auf ihn zu und sagt: «El mayor de los placeres.» Also: «Es ist mir das größte Vergnügen.» Der Lateinamerikaner stutzt und antwortet sich verbeugend: «El menor de los Benítez.» Was heißt: «Der geringste der Benítez.»

Maritimes Leben

Ein Spanier erklärt: «Yo soy imponente, mi mujer es esmeril, así que no tenemos vida marítima.» Hier sind – «Malapropismen», falsche Verwendung von «schwierigen Wörtern» – drei Fehler (aber das Ganze ergibt dann doch etwas wie Sinn): *imponente* «imposant» statt *impotente*, *esmeril* «Schmirgel» statt *estéril* «steril» und *marítima* «maritim» statt *marital* «ehelich»; also: «Ich bin imposant, meine Frau ist ein Schmirgel; so haben wir kein See-Leben.»

Die Schmerzensreiche

Die Rechnung wird im Spanischen auch, scherzhaft und volkstümlich, versteht sich, als «la dolorosa» bezeichnet. Also etwa: «Camarero; la dolorosa, por favor!», «Herr Ober, bitte die Schmerzensreiche!»

Carmina Burana 1

Carmina, betont auf dem i, ist Spanisch ein Diminutiv, eine Verkleinerungsform des Vornamens *Carmen*. Und dann könnte *Burana* in der Tat auch ein Nachname sein. Jedenfalls soll ein Kunde in einem Madrider Schallplattengeschäft, der Orffs «Carmina Burana» verlangt hatte, die Antwort erhalten haben: «Wir kennen dieses Fräulein nicht», «No conocemos a esta señorita.»

Andalusien

In einem andalusischen Dorf gibt es in einer Gaststätte eine Auseinandersetzung mit einem Reisenden. Der Reisende fragt einen der Umstehenden, ob es hier einen Friedensrichter gebe. Dies heißt spanisch «juez de paz». Andalusisch ausgesprochen: «chues de pas». Er erhält zur Antwort: «No, aquí tenemos sólo ‹chues de naranja› y ‹chues de limón›.» Der Antwortende meinte, denn dies ist ziemlich genau die andalusische Aussprache dieses Eigen- und Markennamens: «Schweppes de naranja» und «Schweppes de limón».

Argentinier

Die Argentinier (und speziell die aus Buenos Aires) gelten in Spanien und auch im übrigen Lateinamerika als Angeber, namentlich auch im Erotischen. Ein Argentinier trug in das bekannte Formular, das im Flugzeug für die Einreise nach Spanien auszufüllen ist, in die Spalte «Sexo» ein: «Enorme». *Sexo* bedeutet spanisch sowohl «Geschlecht» als auch das «Organ».

Spanier in deutschsprachigem Restaurant

Der Rat, den man in Spanien gibt, bezüglich dessen, was man in einem deutschen Restaurant, nachdem man sich gesetzt hat, zuerst zu sagen habe: «Joroba, ¡Espasa Calpe!» Das spanische Wort *joroba*, gesprochen *choróba*, heißt «Buckel», «Espasa Calpe» ist der Name eines großen spanischen Verlags. Gemeint ist der deutsche Satz: «Herr Ober, die Speisekarte.»

Deutsch auf Spanisch

«Suban, estrujen, bajen.» Zu sprechen: Súbanestrúchenbáchen. Was auf Spanisch wörtlich heißt (und es bezieht sich auf die Untergrundbahn): «Sie sollen einsteigen, Sie sollen drücken, Sie sollen aussteigen.»

Arabisch auf Spanisch

¡Bája la jaula, Jaime, bájala! Zu sprechen: Báchalachaúlacháimebáchala. Was auf Spanisch heißt: «Bring den Käfer herunter, Jaime, bring ihn herunter!»

Japanisch auf Spanisch

Der Name des japanischen Finanzministers auf Spanisch: Nikita Nipone. Es sieht japanisch aus und hört sich so an, heißt aber auf Spanisch: «Ni quita ni pone», was bedeutet: «Er nimmt weder (etwas) weg noch fügt er (etwas) hinzu.»

Spanisch vom Portugiesischen her

Dort, wo im Portugiesischen ein o ist, ist im Spanischen oft ein ue; zum Beispiel «pode», portugiesisch «er kann» – spanisch heißt dies «puede». Spanisch heiße es, sagen die Brasilianer, die ja portugiesisch reden, nicht «Coca Cola», sondern also «Cueca Cuela».

Wir wissen es schon
Die Mönche eines besonders strengen Ordens in Spanien müssen sich, wenn immer sie sich begegnen, mit dem altspanischen Gruß begrüßen: «Morir habemos.» Der Begrüßte hat dann zu antworten: «Ya lo sabemos.» Also: «Wir werden sterben.» – «Wir wissen es schon.»

Lateinische Zahlen
Papst Johannes XXIII. mußte einmal, wie ihm dies gewiß häufig geschah, Dokumente verlesen, die römische Zahlen enthielten. Einmal, in feierlicher Audienz, verhedderte er sich im Vorlesen bei diesen in der Tat nicht leicht ins Mündliche zu übersetzenden Zahlen. Danach, beim Hinausgehen, sagte er lächelnd zu seinen Begleitern: «Abbiamo fatto brutta figura», «Wir haben uns blamiert.»

Latein
Ein alter, pensionierter Studienrat erfuhr von der geplanten Abschaffung des Lateins an seiner alten Schule. Er erregte sich, er halte dies für verantwortungslos: «Wie sollen die Abiturienten denn die Lateinprüfung bestehen, wenn man sie nicht vorher in dieser Sprache unterrichtet?»

Vizepräsident Quayle
Der frühere Vizepräsident der Vereinigten Staaten beim Besuch in einem lateinamerikanischen Land: «Leider habe ich in

der Schule nicht Latein gelernt. Sonst könnte ich mich jetzt mit Ihnen in Ihrer Sprache unterhalten.»

Der kürzeste Brief

Lateinisch. Der eine schreibt nur: «Eo rus», «Ich gehe aufs Land», der andere antwortet mit einem einzigen Buchstaben (und Laut), dem Imperativ von *ire* «gehen»: «I!» «Geh doch!»

a-Deklination, a-Konjugation

Deutsche Sätze, die ins Lateinische unter ausschließlicher Zuhilfenahme von Hauptwörtern der a-Deklination und Zeitwörtern der a-Konjugation zu übersetzen sind (also Anfängersätze): «Die Tochter des Landmanns schmückt den Altar», «Die Königin ergötzt sich an Rosen», «Die Einwohner der Insel bereiten ein Mahl»: Filia agricolae aram ornat, Regina rosis delectat, Incolae insulae cenam parant.

Menge-Deutsch

«Die Alten betrachteten den Staat nicht als einen Strom, aus dem möglichst viel Wasser zu schöpfen, sich jeder zum Verdienst anrechnete, sondern vielmehr als einen Bach, in den jeder, sein eigenes Wasser hineinzuleiten, bestrebt war.» Ein Satz, der typisch ist für die Sätze und Ausdrücke, die Hermann Menge in einem 1885 erstmals aufgelegten Buch zusammengestellt hat zum Zweck der Übersetzung ins Lateinische: deutsche Sätze, die auf deutsch gewissermaßen schon lateinisch sind (H. Menge, Materialien zur Erlernung und Wiederholung der lateinischen Grammatik für Schule und Selbstunterricht, Durchgesehen und überarbeitet von E. Krause, Darmstadt 1963). Vielleicht ist übrigens dieser Satz gar nicht bei Menge enthalten und nur erfunden (er findet sich zitiert bei Bruno Snell, Neun Tage Latein, Plaudereien).

Tacitus' Kürze

Eines der berühmten Beispiele für die geballte Kürze der Schreibweise des Tacitus ist diese Aussage – beinahe ist sie (für uns) ein Sprachwitz – über den Soldatenkaiser Galba: «Capax imperii nisi imperasset.» Der Satz meint (und könnte eigentlich auch nur so übersetzt werden): «Jedermann hätte ihn des Herrschens für fähig gehalten, wenn er nicht tatsächlich geherrscht hätte» – vierzehn Wörter anstelle von vieren!

Lautmalerische lateinische Verse

«At tuba terribili sonitu taratantara dixit» (Ennius), «Quadrupedante putrem sonitu quatit ungula campum» (Vergil), «Quamvis sint sub aqua, sub aqua maledicere temptant» (Ovid). Also das «taratantara», das die Tuba mit schrecklichem Geräusch «sagte», das Pferdegetrappel – «Mit lautem Galopp stampft der Huf in lockeres Feld» – und das Fluchen der lykischen Bauern, die in Frösche verwandelt worden waren – «Wenn sie auch unter Wasser sind, suchen sie doch, unter Wasser zu fluchen.» (B. Snell)

Cum grano salis

Also: «Mit einem Korn Salz». Eine steigernde und (von der lateinischen Sprache her) sehr bedenkliche Variante dieses Ausdrucks für «sozusagen» ist: «Cum kilo salis».

Doktor h. c.

Wenn bei einem «Ehrendoktor», «Doctor honoris causa» Geld im Spiel war, pflegte man früher, mit bedenklichem Latein, zu sagen: «Doctor honoraris causa».

Pferd im Frühling

Die sogenannte «Praefatio communis» der Messe, die dem «Sursum corda», «Höher die Herzen», folgt, beginnt mit den Worten: «Vere dignum et justum est, aequum et salutare, nos tibi semper et ubique gratias agere...» Also: «Es ist in Wahrheit würdig und recht, billig und heilsam, Dir immer und überall dankzusagen.» Eine andere natürlich inkorrekte, aber ungefähr «hinkommende» Übersetzung lautet: «Auch im Frühling (*ver*) ist es würdig und recht, ein Pferd (*equus*) zu grüßen...»

Latein 2

«Ut desint vires, tamen est laudanda voluntas», «Wenn auch die Kräfte fehlen, so ist doch der Wille zu loben.» Ein Mädchen übersetzt den Vers so: «Wenn auch die Männer fehlen, ist dennoch die Lust zu loben.» Sie verwechselt «vires», «die Kräfte» mit «viri», «die Männer», und «voluntas», «Wille» mit «voluptas», «Lust».

Für den Vater

Caesar schrieb «De bello gallico» für seinen Vater, denn der zweite Teil hat die Überschrift «Lieber Alter» («Liber alter»), «Das andere, das zweite Buch».

Lex
«Lex mihi ars», statt «Ars est mihi lex», «Die Kunst ist mir Gesetz». Der erstere Satz hieße dann, sozusagen deutschlateinisch: «Das Gesetz ist mir scheißegal.»

Cogito
Umberto Eco schrieb einst einen Aufsatz gegen die postmodernen oder poststrukturalen französischen Denker und gab ihm den schönen Titel «Cogito interruptus».

Seculus
«Das ist», sagte der Schwabe, denn er war ein Lateiner, «ein seculus seculorum!» Also statt des liturgischen «in omnia saecula saeculorum», «in allen Jahrhunderten der Jahrhunderte». Der Schwabe verwechselte dies mit seinem klassischen Schimpfwort ‹Seckel›, somit ‹Seckel aller Seckel›.

Der sterbende Altphilologe
In einem Feldlazarett geht der Arzt durch die Reihen der Verwundeten. Gelegentlich flüstert er, um den Betreffenden zu schonen, seinem Adjutanten lateinisch zu: «Morebit.» Einer der fiebernden Verwundeten richtet sich, wie er dies hört, ein wenig auf: «Verzeihung, es muß ‹morietur› heißen; ich bin Altphilologe.»

Schopenhauer
Arthur Schopenhauer mußte der Näherin Karoline Marquet eine Rente bezahlen, und zwar wegen Körperverletzung. Als

sie starb, notierte er knapp: «Obit anus, abit onus.» Das Wortspiel bedeutet: «Das alte Weib stirbt, die Last geht.»

Per aspera ad astra
Eine kongeniale Übersetzung dieses Satzes («Durch rauhe Dinge hindurch zu den Sternen») lautet: «Durch Scheiße zum Preise.»

Carmina Burana 2
Der Romanist Hugo Friedrich berichtete, er sei einmal während einer Prüfung auf die «Carmina Burana» zu sprechen gekommen. Der Kandidat erwies sich aber im Blick auf diese mittellateinischen Gedichte als vollkommen unkundig. Friedrich bat ihn, den Titel zu übersetzen und erhielt zur Antwort: «Ja, Lieder aus dem Burenkrieg.»

Gutes Latein
Einem Bischof wird beim Besuch in einem Weinort am späten Vormittag Wein kredenzt. Er probiert und lobt: «Vinus bonus!» Niemand getraut sich, zu diesem argen Fehler etwas zu sagen. Etwas später, beim Mittagessen wird ihm wieder Wein vorgesetzt. Diesmal erklärt er mit emporgezogenen Brauen: «Vinum bonum!» Da wagt einer, ihn zu fragen: «Weshalb, Hochwürdiger Herr Bischof, haben Sie vorher ‹vinus bonus› gesagt?» Darauf der Bischof: «Je besser der Wein, desto besser das Latein!»

Bischof und Nonnen
Ein Bischof besucht ein Nonnenkloster. Während der Messe, mit der der Besuch beginnt, singen die Nonnen, nach der Pre-

digt, wie in der Messe vorgesehen, das Credo. Bei der Stelle «genitum, non factum», «gezeugt, nicht geschaffen», verweilen sie lange, setzen immer wieder ein, insistieren: «genitum, non factum», «genitum, non factum». Schließlich schreitet der Bischof in sanfter Ungeduld ein: «Sive genitum, sive factum – pax vobiscum», «Ob nun gezeugt oder geschaffen – Friede sei mit euch.»

Griechisch

«Trefflich, in der Tat bist du ja nun wohl in etwa, o Freund, in Bezug auf die Erkenntnis der Wahrheit.» Ein typischer, aus dem Griechischen, genau unter Berücksichtigung der sogenannten «Abtönungspartikel», die also sanft differenzieren, ins Deutsche übersetzter Satz.

Wieviele Sprachen?

Sagt man jemandem, man sei Sprachwissenschaftler oder Linguist (es ist dasselbe), wird, was uns Sprachwissenschaftler sehr irritiert, meist sogleich gefragt: «Und wieviele Sprachen sprechen Sie?» Denn es ist eine ganz unangemessene Frage, weil ein Linguist nicht viele Sprachen sprechen können muß. Ein alter Kollege, der wahrlich viele Sprachen kannte, sagte einmal, er habe mit fortschreitenden Jahren auf diese Frage immer weniger Sprachen genannt. Jetzt nenne er nur noch drei: das Ungarische (er stammte aus Ungarn), das Englische (in England hat er viele Jahre gelehrt) und das Deutsche. Auch in Deutschland, in Freiburg, hat Oswald Szemerényi lange gelehrt.

Sanskrit

Ein indogermanistischer Sprachwissenschaftler hielt ziemlich regelmäßig eine Vorlesung über das Sanskrit, die alte heilige Sprache der Inder. Regelmäßig jedoch pflegte er, seine Vorlesung bereits in der Mitte des Semesters abzubrechen. Als sich dies bis ins Rektorat herumgesprochen hatte, stellte ihn der Rektor zur Rede. Er erhielt von dem Gelehrten die Antwort: «Ja, Magnifizenz, Sanskrit *ist* nicht länger.»

Robert

Paul Robert, der eigentlich Kaufmann war, verfiel auf den ehrgeizigen und eigentlich ‹unmöglichen› Gedanken, auf den jedenfalls ein Fachmann nie verfallen wäre, nämlich den, das Riesenwörterbuch von Emile Littré, das im 19. Jahrhundert entstand, für das 20. Jahrhundert neu zu schreiben. «Le Littré du vingtième siècle» – es war sein erklärtes Ziel. So entstand das jetzt als «der Robert» («le Robert») bekannte riesige Wörterbuch: «Dictionnaire alphabétique et analogique de la langue française», für das man im Deutschen nichts Vergleichbares findet. Das Werk wurde so hervorragend, weil sich schließlich wirkliche und noch dazu ausgezeichnete Fachleute damit befaßten, besonders Alain Rey. Der erste Band, den Robert, auch schon mit anderen zusammen, selbst machte, ist dagegen noch nicht so gut. Der Linguist Bernard Pottier erklärte einmal in einer Diskussion, als es um Wörterbücher ging: «Eh bien, prenez le ‹Robert› qui est excellent, sauf le premier tome qui a été fait par Robert», «Nun, nehmen sie den ‹Robert›, der ausgezeichnet ist, außer dem ersten Band, den Robert gemacht hat.»

Meyer-Lübke

Der große Romanist, in gewissem Sinn – und jedenfalls unter den Sprachwissenschaftlern – der bedeutendste des letzten Jahrhunderts, Wilhelm Meyer-Lübke, soll alle romanischen Sprachen ungefähr gleich ausgesprochen haben. Man sagte damals, er rede protoromanisch.

Fremdsprachendidaktik

Ein sympathischer Brasilianer, der, was gar nicht so häufig ist, gut spanisch spricht und den ich nach dem Grund fragte, sagte mir lächelnd: «Ja, ich habe diese Sprache mit einem Wörterbuch und einer Grammatik gelernt, die sehr lange und schöne Haare hatten.»

Gruß

Über Etymologien gab es einst einen berühmten Streit zwischen den Romanisten Harri Meier, der im Zweifel eher für eine lateinische Etymologie eintrat, und Gerhard Rohlfs, der eher den Einfluß einer anderen Sprache annahm (fachlich, in diesem Fall: einer «Substratsprache»). Einen seiner (öffentlichen) Briefe an Meier beendete Rohlfs: «Mit vulgärlateinischen Gruß!»

Autofahren

Ein Dozent für Anglistik in Tübingen pflegte seine Einführung ins Mittelenglische mit diesen gewählten Sätzen zu beginnen: «Einer, der nur eben Englisch kann» (und in diese Worte legte er in Betonung und Mimik die ganze Verachtung, deren er fähig war), «einer, also, der nur eben Englisch kann und über die älteren Zustände dieser großen Sprache nicht unterrichtet ist, der ist wie einer, der zwar Autofahren kann, aber bei dem geringsten Schaden, der an seinem Fahrzeuge sich meldet, hilflos am Straßenrand sitzt und warten muß, bis jemand kommt, der den Schaden beheben kann.»

Gamillscheg

Ernst Gamillscheg, ein bedeutender Sprachwissenschaftler der Romanistik, Schüler des großen Meyer-Lübke, sprach ganz ordentlich französisch. Und er sprach natürlich auch andere romanische Sprachen. Gleichwohl verachtete er diese Fertigkeit. Was das Französische angeht, pflegte er zu sagen: «Ja, das können drüben fünfzig Millionen. Was soll ich mich da auch noch dazugesellen?» Oder er erklärte: «Das ist was für Kellner und Friseure.»

Phonetisch – phonologisch

Roman Jakobson, der russischer Herkunft war, vertrat die These, dargelegt in seinem unter Sprachwissenschaftlern bekannten Buch «Kindersprache, Aphasie und allgemeine Lautgesetze» (1962), jedes Kind sage als erstes Wort entweder «Mama» oder «Papa». Also der sozusagen normalste Vokal und die Lippenlaute, als Reibelaut und als Verschlußlaut, m und p. Bestürzt teilte ein türkischer Kollege Jakobson mit, seine Tochter habe als erstes Wort «schküs» gesagt. Darauf Jakobson unbeirrt: «Ja, ja, phanjetisch *schküs*, phanaluogisch *Mama*.»

Wieviele Frauen?

Der große Sprachwissenschaftler Roman Jakobson wurde bei der Einreise in die Vereinigten Staaten, in den vierziger Jahren, gefragt, wieviele Frauen er habe. Offenbar machte er den Beamten einen orientalischen Eindruck, und vielleicht standen auch zufällig mehrere Frauen hinter ihm. Natürlich konnte, ja, mußte er da als Sprachwissenschaftler nur die um Präzisierung bemühte Gegenfrage stellen: «Meinen Sie dies diachronisch oder synchronisch?»

Zweideutig

Der große Sprachtheoretiker Karl Bühler führt in seinem 1934 erschienenen, noch immer aktuellen Werk «Sprachtheorie» neben vielem anderen aus, daß bei zahlreichen alltäglichen Verrichtungen die Verständigung auch ohne Sprechen möglich sei. Es wird ja tatsächlich nicht unausgesetzt gesprochen; die Verständigung ergibt sich weithin im gemeinsamen Tun und Handeln von selbst; nur gelegentlich tritt dann etwa eine Sprachäußerung hinzu. Karl Bühler drückt diesen Sachverhalt so aus: «Sprachinseln tauchen auf im Meer des schweigsamen, aber eindeutigen Verkehres.»

Potenz

Der Linguist Eugenio Coseriu legt an einer Stelle auf spanisch dar, daß die Sprache im Sinne von «la langue» (Saussure), also im Sinne des Sprachbesitzes, der Sprachäußerung, also der «parole», vorausgehe. Der konkrete einzelne Sprechakt setze die Vorhandenheit der Virtualität, also der Potentialität des Sprachbesitzes schon voraus. Coseriu formulierte dies – unbewußt, wie er versicherte – so: «La potencia precede al acto», «Die Potenz geht dem Akt voraus.»

Straßenhändler

Eugenio Coseriu wies darauf hin, daß das Wort *Straßenhändler*, vom System der deutschen Sprache aus, auch jemanden bezeichnen könne, der mit Straßen handelt. In der Tat: und eine *Blitzreinigung* könnte auch ein Geschäft sein, in dem Blitze gereinigt werden – Unterschied zwischen der reinen «Systembedeutung» und der durch den Gebrauch und die Realität festgelegten.

Grevisse

Seit rund sechzig Jahren gibt es die «klassische» französische Grammatik des Belgiers Maurice Grevisse mit dem schönen, auf den großen Vaugelas im 17. Jahrhundert und dessen Richtmaß anspielenden Titel «Le Bon Usage». Die zwölfte Auflage des Grevisse wurde neu bearbeitet von dem Belgier André Goosse. Ein weiterer Belgier und großer Kenner des Französischen, Joseph Hanse, Verfasser des wichtigen «Dictionnaire des difficultés grammaticales et lexicologiques» (erstmals 1949), sagte dazu: «Avec Grevisse c'était parfait, avec Goosse c'est le plusqueparfait.»

Irrationale Sprachen

Ein portugiesischer Sprachwissenschaftler will, am Rande eines Kongresses, mehreren Kollegen, die bei ihm stehen, beweisen, daß das Portugiesische allen anderen Sprachen an Rationalität überlegen sei. «Nehmen wir zum Beispiel», sagt er, «das Wort *cu*.» Dieses Wort bezeichnet auf portugiesisch den Hintern. Er fragt seine Kollegen: «Nun also, was heißt dieses Wort in Ihrer Sprache?» Der Franzose antwortet: «Also, französisch bezeichnet es den Hals oder auch einen

Schlag, *le cou* oder *le coup*.» Der Deutsche sagt: «Bei uns bezeichnet es die Kuh.» Der englische Kollege: «Nun, bei uns ist es halt der Buchstabe *q*, jedenfalls ungefähr.» Darauf der Portugiese: «Da könnt Ihr einmal sehen, was Ihr für irrationale Sprachen habt. Im Portugiesischen ist *cu* der Arsch selbst», «Já podem ver que linguas irracionais têm, em português cu é o cu mesmo».

Geräusche

Ein Professor für Sprachwissenschaft will seinen Studenten im Oberseminar klarmachen, wie genau die Sprache Geräusche nachzuahmen imstande ist. Er macht verschiedene Geräusche vor (er hatte entsprechende Instrumente mitgebracht) und läßt sich die passenden «lautmalenden» Ausdrücke zurufen: Klirren, Scheppern, Knistern, Knirschen und so weiter. Schließlich schlägt er mehrfach mit der flachen Hand gegen die Tür: «Und was ist das?» fragt er. Niemand traut sich zu antworten; man kennt die Weltfremdheit dieses Professors. Schließlich gibt er die Antwort selbst: «Ist doch ganz einfach, meine Damen und Herren, ich würde sagen: bumsen, oder?»

Der sterbende Grammatiker

Ein französischer Grammatiker, in seinen letzten Atemzügen, sagte: «Je mœurs ou je me mœurs... L'un ou l'autre se dit... ou se disent.» Und nun stirbt er, «Et il rend l'âme.» Man kann in der Tat in gleicher Weise *mourir* und *se mourir* sagen und das *se dire* hier entweder im Singular oder im Plural verwenden. Es gibt da eine Variante. Auf die Frage, wie es ihm gehe – «comment allez-vous?» soll der Sterbende geantwortet haben: «Je ne vais pas, je m'en vais», «Es geht mir nicht: ich gehe». Und dann soll er hinzugesetzt haben: «Ou je m'en vas. L'un ou l'autre se dit ou se disent.» Manche schreiben diese Sätze dem einflußreichsten Grammatiker aller Zeiten, Claude Favre de Vaugelas (gestorben 1650) zu. Er hat in der Tat – welcher Grammatiker konnte oder kann dies schon? – seine Sprache selbst mitgestaltet.

Das große Lalulā

Kroklokwafzi? Sememi!
Seiokrontro – prafriplo:
Bifzi, bafzi; hulalemi:
quasti basti bo...
Lalu lalu lalu lalu la!

Hontraruru miromente
zasku zes rürü?
Entepente, leiolente
klekwapufzi lü?
Lalu lalu lalu lalu la!

Simarar kos malzipempu
silzuzankunkrei(;)!
Marjamar dos: Quempu Lempu
Siri Suri Sei [ ]!
Lalu lalu lalu lalu la!

Dieses Gedicht von Christian Morgenstern ist auch ein – genialer – Sprachwitz.

Beck'sche Reihe

Wilfried Ahrens
Der Angeklagte erschien in Bekleidung seiner Frau
Die neuesten juristischen Stilblüten
2. Auflage. 2006. 160 Seiten. Paperback
Beck'sche Reihe Band 1640

Martin Borré/Thomas Reintjes
Warum Frauen schneller frieren
Alltagsphänomene wissenschaftlich erklärt
9. Auflage. 2007.
176 Seiten mit 29 Grafiken im Text. Paperback
Beck'sche Reihe Band 1647

Eike Christian Hirsch
Gnadenlos gut
Ausflüge in das neue Deutsch
2007. 160 Seiten. Paperback
Beck'sche Reihe Band 1736

Eike Christian Hirsch
Der Witzableiter
oder Schule des Lachens
3. Auflage. 2005. 344 Seiten. Paperback
Beck'sche Reihe Band 1434

Richard W. B. McCormack
Travel Overland
Eine anglophone Weltreise
2. Auflage. 2002. 126 Seiten mit 18 Abbildungen. Paperback
Beck'sche Reihe Band 1297

Hermann Ehmann
Endgeil
Das voll korrekte Lexikon der Jugendsprache
2005. 180 Seiten. Paperback
Beck'sche Reihe Band 1654

Verlag C. H. Beck München